『シリーズ　住民主体の生活支援サービスマニュアル』のねらい・使い方

◆本シリーズのねらい

　本シリーズは、地域における助け合いや「お互いさま」の精神を基盤として、住民が主体となって立ち上げ、運営する生活支援の取り組み（＝住民主体の生活支援サービス）について、今後さらに地域に広げていくことを目的に、活動の考え方や成り立ちの背景、活動を立ち上げる際のポイント等をわかりやすくまとめたものです。

　本シリーズで取り上げる取り組みのなかには、たとえば見守り支援活動やサロン・居場所づくりのように、「サービス」という言葉にはなじみにくいものもありますが、ここでは助け合いによる生活支援を目的としたこれらの取り組み全体を「住民主体の生活支援サービス」と総称しています。本シリーズでは、まず第1巻でさまざまな活動・サービスの共通基盤として、助け合いによる生活支援の意義や地域づくりの必要性、取り組みの基本的な考え方等を解説しており、第2巻〜第7巻では、活動・サービスの種類別に具体的な内容や活動の立ち上げや運営のポイントを解説しています。

第1巻	助け合いによる生活支援を広げるために　〜住民主体の地域づくり〜
第2巻	見守り支援活動
第3巻	サロン・居場所づくり
第4巻	訪問型サービス（住民参加型在宅福祉サービス）
第5巻	食事サービス
第6巻	移動・外出支援
第7巻	宅老所

◆本シリーズの使い方

　本シリーズが想定している読み手は、住民主体の生活支援サービスに参加したりこれから新たに立ち上げようとする人、そしてその活動を応援しようとする人たちです。

　地域の助け合いの取り組みに関心があり、参加してみたい、あるいは自分たちの地域で始めてみたいと考えている方は、まずは第1巻を読んでいただき、助け合いによる生活支援の意義や基本的な考え方をおさえるとよいでしょう。

　また、第1巻は、これから助け合いの取り組みに興味をもってもらい、参加してもらうために、幅広い住民や関係者への啓発や学習にも活用いただけます※。

　すでにボランティア活動や地域の福祉活動の経験があり、これから始めたいと考えているサービスが具体的に決まっている場合には、第2〜7巻の活動・サービス種類別のマニュアルをご活用いただければと思います。

※　令和4年6月27日に「介護予防・日常生活支援総合事業ガイドライン」（平成27年6月5日老発第0605第5号厚生労働省老健局長通知）が改正されたことに伴い、令和5年5月に本書を改訂しました。

第1巻　改訂 助け合いによる生活支援を広げるために ～住民主体の地域づくり～

目　次

はじめに

　平成27（2015）年4月の介護保険制度改正により、新しい介護予防・日常生活支援総合事業（以下、総合事業）が開始され、高齢者の多様な生活支援ニーズに対応するとともに、「住民主体の生活支援サービス」を拡充し、支え合いの体制を地域につくっていくこととなりました。

　その背景には、今後さらに進展する高齢化、単身世帯の増加と社会的孤立の拡大に対応していくためには、専門職によるサービスだけではなく、住民自身による助け合いの力が必要とされているという状況があります。

　新地域支援構想会議[※1]は、平成25（2013）年12月に発足し、助け合いの考え方や新しい総合事業のあり方に関する提言を行ってきました。この提言では、新しい総合事業においては、介護サービスによる高齢者の自立支援の取り組みや家事援助にとどまらず、高齢者と地域社会との関係の回復・維持への働きかけの仕組みをいかに位置づけるかが重要なポイントであることを強調しています（本マニュアル92頁以降に全文掲載）。

　具体的には、総合事業に移行する介護予防訪問介護、介護予防通所介護については、専門職が対応すべきもの（専門的サービス）を明確にしたうえで、基本的に助け合いによる生活支援に移行すべきと考えています。

　本マニュアルは、こうした認識に立ち、これから新たな活動を立ち上げようとする人たちや活動を支援する立場にある人たちを対象に、住民主体の助け合いに基づく生活支援を広げていくことを目的に作成したものです。

　地域には、すでにさまざまな助け合いがあります。これらの活動の多くは介護保険制度が始まる以前からニーズに応えて始まったもので、その背景には、必ず、困った人をそのままにしておけないという思いとそれを自ら解決していこうという住民の主体的な取り組みがあります。活動やサービスの外形だけではなく、こうした活動がめざしているものや考え方を含めて参考にしていただき、本当の意味での住民主体の助け合いが広がって、すべての人が安心して暮らせる地域づくりがすすむことを期待するものです。

新地域支援構想会議

[※1]　助け合い活動を推進する市民活動・住民活動や高齢者福祉を推進する全国団体14団体（右頁掲載）により、平成25（2013）年12月に設置。助け合い活動を推進する立場から、新しい総合事業について団体間の情報共有や提言活動を行っています。

新地域支援構想会議 構成団体（50音順）

公益財団法人　さわやか福祉財団
認定特定非営利活動法人　市民福祉団体全国協議会
住民参加型在宅福祉サービス団体全国連絡会
特定非営利活動法人　全国移動サービスネットワーク
社会福祉法人　全国社会福祉協議会
全国農業協同組合中央会
一般社団法人　全国老人給食協力会
公益財団法人　全国老人クラブ連合会
宅老所・グループホーム全国ネットワーク
特定非営利活動法人　地域ケア政策ネットワーク
一般財団法人　長寿社会開発センター
認定特定非営利活動法人　日本NPOセンター
日本生活協同組合連合会
一般社団法人　シルバーサービス振興会（オブザーバー）

MEMO

I

地域づくりと私たちの暮らし

1　地域づくりの必要性

　あなたは、自分が暮らしているまちが好きですか？　あなたのまちの自慢はどんなところでしょうか？　自然や環境の良さ、お祭りや歴史・文化、交通や買い物の便利さ、住んでいる人のあたたかさなど、人によって感じる「まちのいいところ」はさまざまでしょう。反対に、困ったことや、もしこうだったらいいのにと感じている部分もきっとあるでしょう。また、自分が暮らしている地域のことをあまり考えたことがない人もいるかもしれません。近隣の人々が助け合わなければ生きられなかった時代は遠く過ぎ、現代では暮らしの「個人化」がいっそう進行しています。

　しかし、実際には、私たちの暮らしは、それぞれの地域のあり方と密接な関わりをもっています。なかでも近年では、地域の住民同士のつながりや助け合いがもっている力（＝地域力）にあらためて注目が集まっています。

　たとえば、日頃から一人暮らしの高齢者や障害者の見守り活動をしていた地域では、災害が起きた時に、多くの人を無事に避難させることができました。また、ご近所同士が声をかけあったり、挨拶を自然に交わすことは防犯の観点からも重要な取り組みといわれています。気軽に集まれる住民主催のふれあい・いきいきサロンや居場所（交流の場）があちこちにある地域では、閉じこもりがちな高齢者も外出の機会が増え、介護予防の効果をあげています。

　こうした地域づくりは、都市部、農村部を問わず全国各地で取り組まれており、けっして特別なことでも、実現不可能な夢でもありません。しかし同時に、簡単にできることでもありません。地域づくりは、行政の指示や誰かの号令ですすむものではなく、お金を払って誰かに代わりにやってもらえるものでもないからです。助け合いがある地域は、長い時間をかけ、粘り強く、住民自身の手でつくっていくものであり、その取り組みによってつくられる信頼関係や住民の自治力は、地域の財産として受け継がれます。

　つまり、住民同士のつながりをつくり、助け合いがある地域にしていくことは、自分自身の命と暮らしを守り、人生をより幸せなものにしていくうえで、とても重要なことなのです。

　地域での助け合いは、たとえば清掃、地域行事、農作業、冠婚葬祭などさまざまなかたちで行われますが、近年では、一人暮らし高齢者の増加などを背景に、「助け合いによる生活支援」の重要性が高まっています。

　本書では、近隣同士の自然な気づかい合いや助け合いの活動から、食事サービスや移動・外出支援（移動サービス）のようにシステム化された生活支援サービスまでを幅広く「助け合いによる生活支援」（図1）と捉え、その意義や特徴、基本的な考え方等を解説していきます。

図1 ● 助け合いによる生活支援のイメージ

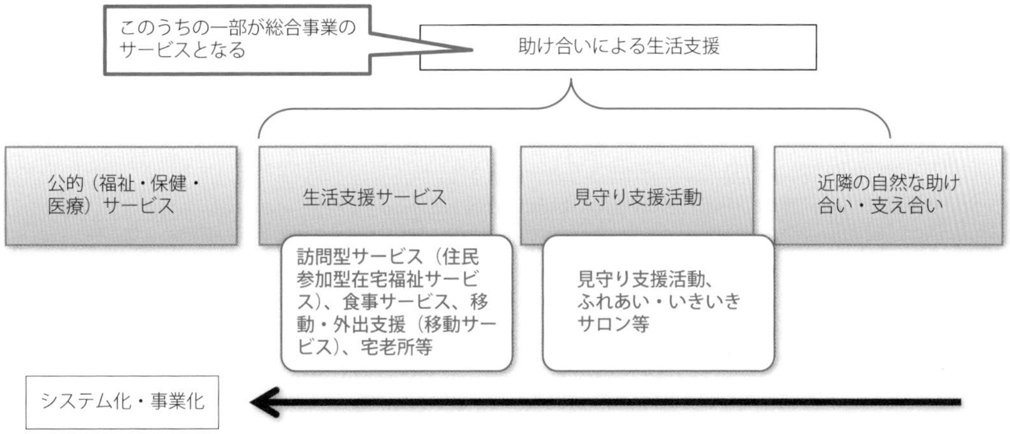

このうちの一部が総合事業のサービスとなる

助け合いによる生活支援

公的（福祉・保健・医療）サービス	生活支援サービス	見守り支援活動	近隣の自然な助け合い・支え合い

訪問型サービス（住民参加型在宅福祉サービス）、食事サービス、移動・外出支援（移動サービス）、宅老所等

見守り支援活動、ふれあい・いきいきサロン等

システム化・事業化 ←

2　社会参加と心身の健康

　高齢者をはじめ、支援を必要としている人が地域のさまざまな活動に参加することは、その人自身にとっても生活のハリが生まれ、健康維持・増進や介護予防にも大きな効果があります。他人との交流が少なく、孤立した 65 歳以上の高齢者は、毎日人付き合いをしている場合と比べ、介護が必要になる可能性や認知症になる可能性が高くなるという研究結果[2] も出ています。

　もともと、助け合いによる生活支援は、助ける人と助けられる人が固定的ではなく、ある時には役割が入れ替わるなど対等な立場で行われるものです。活動に参加して外出の機会が増えたり、人と交流すること、またそのなかで自分ができることを役割として担い、誰かに必要とされたり役に立って感謝されたりといったことが心身の健康にとっても大変重要なのです。

---

[2]　日本福祉大学斉藤雅茂准教授らの研究

3 家族や社会、人々のニーズの変化と 社会保障制度改革

　今、わが国は超高齢化と人口減少が同時にすすむ時代を迎えています。65歳以上の高齢者数は、平成37（2025）年には3,657万人となり、平成54（2042）年にはピークを迎えると予測されています。また75歳以上の「後期高齢者」の割合が増加していきます。家族の形も変化しており、今後は世帯主が65歳以上の単独世帯や世帯主が65歳以上の夫婦のみの世帯が拡大していきます（表1、図2）。

表1 ● 65歳以上高齢者数の推移
（出典：厚生労働省）

	2012年 8月	2015年	2025年	2055年
65歳以上高齢者人口（割合）	3,058万人 (24.0%)	3,395万人 (26.8%)	3,657万人 (30.3%)	3,626万人 (39.4%)
75歳以上高齢者人口（割合）	1,511万人 (11.8%)	1,646万人 (13.0%)	2,179万人 (18.1%)	2,401万人 (26.1%)

図2 ● 世帯主が65歳以上の単独世帯や夫婦のみの世帯数の推計
（出典：厚生労働省）

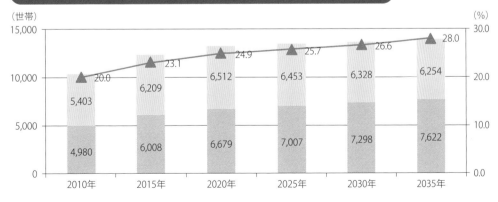

世帯主が65歳以上の夫婦のみの世帯数
世帯主が65歳以上の単独世帯数
世帯主が65歳以上の単独世帯と夫婦のみ世帯の世帯数全体に占める割合

　一方、高齢者を支える現役世代においては、雇用の不安定化が広がり、非正規雇用の労働者は全体の 37.4％を占めるまでになっています（図 3）。

　平成 25（2013）年 8 月にまとめられた『社会保障制度改革国民会議報告書〜確かな社会保障を将来世代に伝えるための道筋〜』（以下、国民会議報告書）は、従来の社会保障や社会福祉制度が前提としてきた 1970 年代モデル（終身雇用のもとでの男性稼ぎ主、専業主婦、子どもによる核家族を標準世帯とするモデル）から、家族や社会、人々のニーズが大きく変化したことを指摘し、21 世紀型日本モデルの社会保障をめざすことを提言しました。一方で、社会保障の財源が年々増加するなかで、制度の持続可能性を高めることも大きな課題となっています。

　1970 年代モデルの社会保障制度が前提としてきた社会システムが大きくゆらいでいる今、私たちはどのような社会をめざしていくべきでしょうか。

　国民会議報告書では、「すべての人の QOL の向上という観点から、さまざまな生活上の困難があっても、地域の中で、その人らしい生活が続けられるよう、それぞれの地域の特性に応じて、医療・介護のみならず、福祉・子育て支援を含めた支え合いの仕組みをハード面、ソフト面におけるまちづくりとして推進することが必要」との理念を示しています。

　ここから読み取れるのは、個別の制度やサービスの充実だけでは十分ではなく、総合的なまちづくりをすすめることが必要だという問題意識です。助け合いによる生活支援を広げていくことは、地域での暮らしを支え、より安心なまちづくりをすすめていくうえで、鍵になるものとして、期待が高まっているといえます。

図3 ● 正規雇用と非正規雇用労働者の推移

（出典：厚生労働省）

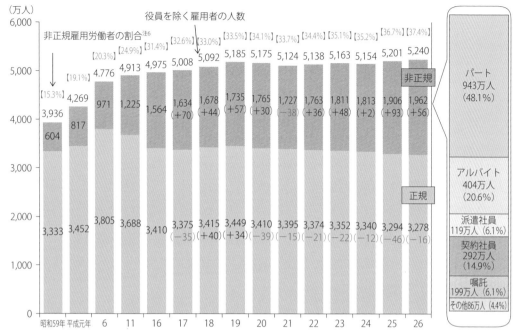

（資料出所）平成11年までは総務省「労働力調査（特別調査）」（2月調査）長期時系列表9、平成16年以降は総務省「労働力調査（詳細集計）」（年平均）長期時系列表10

（注）1）平成17年から平成23年までの数値は、平成22年国勢調査の確定人口に基づく推計人口
　　　2）（新基準）に切替え集計した値。
　　　3）平成23年の数値、割合及び前年差は、被災3県の補完推計値を用いて計算した値。
　　　4）雇用形態の区分は、勤め先での「呼称」によるもの。
　　　5）正規雇用労働者：勤め先での呼称が「正規の職員・従業員」である者。
　　　6）非正規雇用労働者：勤め先での呼称が「パート」「アルバイト」「労働者派遣事業所の派遣社員」「契約社員」「嘱託」「その他」である者。
　　　　　割合は、正規雇用労働者と非正規雇用労働者の合計に占める割合。

4　私たちの参画によって変わる　　社会保障の将来

　介護の社会化をめざして平成 12（2000）年に本格実施された介護保険制度により、介護サービスは飛躍的に拡充しました。これに伴い、介護費用は 3.6 兆円（平成 12 年）から 11.1 兆円（平成 30 年）と、18 年間で約 3 倍と急増し、介護保険料も全国平均で 5,869 円（第 7 期）まで上昇しています（厚生労働省調べ）。さらに今後の高齢化の進展にむけて、介護保険制度の持続可能性をいかに確保するかが大きな課題といえます。

　介護保険制度では、保険者である市町村が 3 年ごとに介護保険事業計画をつくります。介護保険事業計画では、必要な介護サービスについてニーズ量を見込み、これに基づいて介護保険料を算出する仕組みになっています。助け合いで支えられる部分を住民自身が担い、さらにそのことによって介護予防の効果があがれば、貴重な介護保険財源をより効率的・効果的に必要なサービスに投入することが可能になり、ひいては介護保険料の抑制にもつながることが期待されるのです。

5　つながりに関する人々の意識

　昨今、福祉や防災、防犯、教育など、さまざまな分野で地域の力への期待が高まっています。しかしその一方で自治会などの地域活動への参加が少なくなっている、お互いに無関心で挨拶をしなくなったなど、地域での人々のつながりが弱まっていると感じている人も多いかもしれません。

　それでも日本には和の精神があり、外国に比べて助け合いの意識が高く実践されていると思っていませんか？　ところが国際比較調査をみると、実はそうではないということが明らかになっています。内閣府の「高齢者の生活と意識に関する国際比較調査」（平成 22 年度）によれば、「近所の人たちとの挨拶以外の会話」が「ほとんどない」とする割合は 5 か国中もっとも多く、31.6％にのぼります（図 4）。また「同居の家族以外に困った時に頼れる人」が「いない」とする人は 20.3％とこれも 5 か国中最も多くなっています（図 5）。

　また、NHK 放送文化研究所が 5 年ごとに行っている「日本人の意識調査」によれば、「隣近所の人とのつきあい」について、「なにかにつけて相談したり助け合える関係」が望ましいとする回答は昭和 48（1973）年の初回調査以来一貫して減少

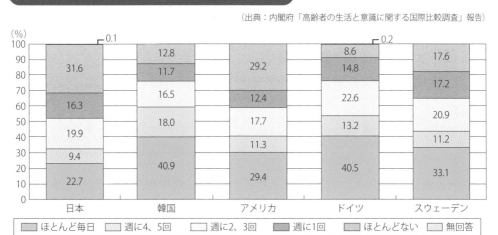

図4 ● 近所の人たちとの挨拶以外の会話の頻度

（出典：内閣府「高齢者の生活と意識に関する国際比較調査」報告）

資料：内閣府「高齢者の生活と意識に関する国際比較調査」（平成 22 年）
（注）調査対象は、60 歳以上の男女

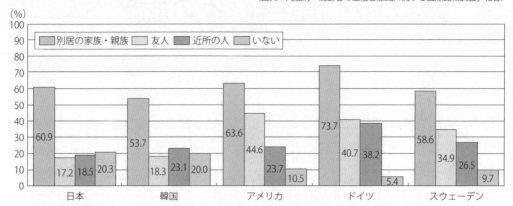

図5 ● 同居の家族以外に困った時に頼れる人の有無

（出典：内閣府「高齢者の生活と意識に関する国際比較調査」報告）

資料：内閣府「高齢者の生活と意識に関する国際比較調査」（平成22年）
（注）調査対象は、60歳以上の男女

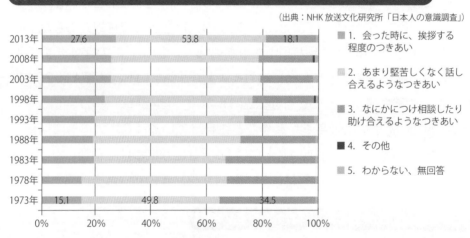

図6 ● 隣近所の人とのつきあいのしかたについて望ましいと考えるもの

（出典：NHK放送文化研究所「日本人の意識調査」）

し（34.5⇒18.1）、「会った時に挨拶する程度のつきあい」を望ましいとする回答が増加（15.1⇒27.6）しています（図6）。

　こうした人間関係の希薄化が進行する現状を私たちはどのように考えるべきでしょうか。

　近年では、住む人同士のつながりや交流を魅力とするシェアハウスに注目が集まったり、子どもから高齢者までさまざまな人が気軽に立ち寄って自然に交流が生まれる場所をつくるなど、意図的にさまざまなつながりを生み出そうとする取り組みも広がっています。

　助け合いによる生活支援についても、人と人のつながりを地域にあらためて取り戻すための仕掛けとして取り組むことが必要ではないでしょうか。

6　社会的孤立と制度の狭間となっている 深刻な生活課題

　現在、家族や社会の変化で顕在化しているのが、たとえばひきこもりや孤立死、虐待、自殺などの深刻な生活課題です。さまざまな福祉サービスや相談窓口が充実していくなかにありながらも、そうした支援やサービスにつながることなく、一つの家族が複合的・重層的な課題を抱え、SOS を発信することすらできないという状況も見られます。そして、その背景には、社会的な孤立の問題が大きな要因として横たわっていることが明らかになってきています。

　わが国の世帯数の将来推計によると、2035 年には単身世帯がおよそ 3 世帯に 1 世帯の 37.2％、一人親世帯がおよそ 10 世帯に 1 世帯の 11.4％になり、特に単独世帯については、2025 年には、すべての都道府県において世帯類型のなかで最大の割合になるとされています（社会保障・人口問題研究所「日本の世帯数の将来推計」2014 年）。

　このことは、世代や地域を問わず、孤立した生活が広がっていることを意味しています。孤立した生活は、地域社会との関係を希薄化させ、社会的な孤立につながります。そして、社会的孤立によって人々の生活課題は潜在化し、地域のなかで見えにくいものとなり一層深刻化させていきます。

　こうした課題は、介護サービスや家事援助サービスを投入するだけでは解決しません。住民同士の「お互いさま」に基づく助け合いによって、人間関係を少しでも回復しつなぎなおしていくこと、また、社会から孤立してしまう前に、気軽に助け合える土壌を地域につくっていくことが重要であり、ここにこそ助け合いによる生活支援の本当の役割があります。

7　まちづくりとしての 地域包括ケアシステム

　超高齢社会において、誰もが住み慣れた地域で暮らし続けることができるように していこうと構想されているのが「地域包括ケアシステム」です（図7）。地域包括 ケアシステムは、もともとは公立病院などの医療機関が中心となって、医療や保健、 福祉の関係機関のネットワークをつくり、地域全体で統合的なケアを展開していく 実践として始まっています。

　その後、平成15（2003）年に公表された高齢者介護研究会報告書「2015年の 高齢者介護」は、「介護保険の介護サービスやケアマネジメントのみでは高齢者の生 活すべてを支えきれない」とし、介護以外の問題にも対処しながら、介護サービス

図7 ● 地域包括ケアシステム

(出典：厚生労働省)

○　団塊の世代が75歳以上となる2025年を目途に、重度な要介護状態となっても住み慣れた地域で自分らし い暮らしを人生の最後まで続けることができるよう、医療・介護・予防・住まい・生活支援が一体的に提供される 地域包括ケアシステムの構築を実現。

○　今後、認知症高齢者の増加が見込まれることから、認知症高齢者の地域での生活を支えるためにも、地域 包括ケアシステムの構築が重要。

○　人口が横ばいで75歳以上人口が急増する大都市部、75歳以上人口の増加は緩やかだが人口は減少する 町村部等、高齢化の進展状況には大きな地域差。

○　地域包括ケアシステムは、保険者である市町村や都道府県が、地域の自主性や主体性に基づき、地域の 特性に応じて作り上げていくことが必要。

を提供するには、介護保険のサービスを中核としつつ、保健・福祉・医療の専門職相互の連携、さらにはボランティアなどの住民活動も含めた連携によって、地域のさまざまな資源を統合した包括的なケア（地域包括ケア）が必要と提言しました。ここで示されているのは、地域包括ケアには介護保険によるフォーマル（公的）なサービスや専門職による援助だけではなく、ボランティアなどインフォーマルな社会資源も含めて統合的に展開していくことが必要だという考え方です。

　国民会議報告書においても、医療と介護の連携の強化等をあらためて強調するとともに、「21世紀型コミュニティの再生としての地域包括ケアシステム」をめざすとしています。ここにも、地域包括ケアシステムを住民やインフォーマルなサポートも含めた総合的なまちづくりとして捉えようとする認識が示されています。

　さらには、平成27（2015）年度介護保険制度改正においては、要支援1、2の人たちへの支援を市町村が主体となる介護予防・日常生活支援総合事業（新しい総合事業）に移行し、住民主体の生活支援サービスを拡充することで地域の支え合い体制づくりをすすめることとされました。

　このように、地域包括ケアシステムにおいては、特に近年、その地域に暮らす住民自身の参画やボランティアなどのインフォーマルな社会資源への期待が高まっている状況にあります。

　こうした住民に対する担い手としての期待については、介護保険の財源が厳しくなっているからだという捉え方がしばしば見られます。

　しかし、住民が地域包括ケアシステムに主体的に参画し、生活支援の担い手としても活躍することは、財源問題のためではなく、そのこと自体に大きな意味があります。

　ここまで述べてきたように、助け合いによる生活支援の活動に参加することは、本人自身にとって何よりの介護予防になります。また、その活動やサービスの提供を通して、利用者と地域社会をつなぎ、社会的孤立を防ぐという効果があります。これは、フォーマルなサービスにはない、助け合いによる生活支援の固有の役割です。

　そして、こうした生活支援の取り組みを通して地域づくりをすすめることは、高齢者や障害者だけではなく、すべての人にとって大変重要な意味をもちます。

　人と人のつながりのなかで生きているという実感や地域社会への信頼感は、一人ひとりの暮らしをより安心で豊かにしてくれるものであり、私たち自身が地域づくりに関わるなかで生み出されていくものといえるでしょう。

8　地域包括ケアシステムへの住民の 関わり～「住民主体」をめざして

　平成 27 年度の介護保険制度改正による総合事業への移行は、介護保険制度が始まって以来の大きな改革です。これまでの地域包括ケアシステムは、行政が主体となって計画し、医療や福祉の専門職が主導的な役割を果たしてきましたが、今後は、住民が主体的に関わっていかなければ、真の意味での地域包括ケアシステムは実現できないという認識に転換しつつあるといえます。地域福祉においては、従来、「地域の福祉を推進していく基本的な主体は地域社会に暮らす住民自身である」という考え方に立ち、これを「住民主体の原則」として位置づけてきました。

　しかし、住民を生活支援サービスの担い手として「活用しよう」ということでは、住民の参画や地域づくりはすすみません。総合事業における「住民主体の」生活支援サービスについても、単に住民が主たる担い手であるという狭い意味に理解すべきではないでしょう。

　住民同士が地域の課題を共有し、「住み続けたいと思う地域の姿」を行政と住民が共に描くなかで、必要な助け合いや生活支援のための仕組み、サービスを地域にあった形でつくり出していくことこそが本当の意味での「住民主体」といえるのではないでしょうか。この「住民主体」の実現をめざすためには、住民自身の自発性、自主性が発揮される地域を醸成していくことが何よりも大切であり、地域包括ケアシステムの成功の鍵は地域づくりにかかっているといっても過言ではありません。個別のサービスを増やすことにとらわれるのではなく、サービスを利用しながら安心して心豊かに暮らせるための地域づくりを目標に掲げることが重要です。自治体や地域包括支援センターの職員、新しく制度化された生活支援コーディネーターをはじめ、専門職はこのことを十分理解しなければなりません。

　そして、こうした経験は、住民の自治力を高めることにつながり、福祉だけでなく、文化、教育、産業いずれにおいても良い効果をもたらすことが期待されます。つまり、福祉でまちづくりをすすめるという考え方が求められているのです。

Ⅱ

助け合いによる生活支援が
めざすもの

1　助け上手、助けられ上手を増やす地域づくり

　助け合いによる生活支援は、介護や家事、育児など具体的に困っていることを住民同士がお互いに助け合って解決しようとするものですが、その先には「地域づくり」という、さらに大きな目的があります。助け合いによる生活支援がめざすのは、住み慣れたところで、誰もが安心して、その人らしく暮らし続けられるような地域をつくっていくことなのです。

　制度によるサービスだけで生活が支えられたとしても、地域で暮らし続けるには十分ではありません。たとえば専門職による介護サービスや家事援助サービスが入っていても、近隣の人たちが認知症高齢者に対する偏見や先入観をもっていたとしたら、出歩くことすら気軽にはできません。火事などの心配から、施設に入ってもらったほうがいいのではないかと近隣の人が考えるようであれば、一人暮らしを続けることは難しくなります。

　日常生活に少々不安があっても、認知症があっても、それを受容してくれる地域であるかどうか、助けを気軽に求められる人が周りにいるかどうか、が問われています。

　「助け上手」、「助けられ上手」を地域に増やし、さまざまな生き方や暮らしのあり方を認める意識や文化を含めて、助け合いのある地域づくりをすすめていくことが、これからの社会においてたいへん重要な意味をもつと思われます。

　したがって、具体的な助け合いを推進すると同時に、住民に対して、地域全体の課題や身近に困りごとを抱えている人がいるということを伝え、理解を広げていくことがとても重要です。認知症の高齢者や障害がある人、生活困窮の状態にある人などを地域から排除するのではなく、共に生きる住民として受け止めていくための啓発活動や子どもから大人まで含めた福祉教育の充実が、地域づくりのために不可欠な取り組みといえます。

2　多様な生活支援ニーズへの対応

　入所施設での生活と異なり、それぞれの自宅での暮らしは千差万別です。調理や掃除の仕方、物の置き場所など、一人ひとり好みやこだわりがあり、手伝ってほしい内容やそのやり方はさまざまです。また、たとえば重い家具の移動や家電製品の修理、通院の付き添いのように、毎日は必要ではないけれども、時々必要になる支援もあります。地域で住み続けることを支えるためには、こうした多様な生活ニーズに合わせた支援が必要です。

　しかし、介護保険制度によるサービスをはじめ、フォーマル（公的）なサービスには、決められた対象や内容以外は支援できない、支援の決定から開始まで時間がかかる、一定の要件を満たした人には公平・平等に行われるといった特徴があり、一人ひとりの状況に柔軟に合わせることが難しい場合があります。

　一方、助け合いによるインフォーマルなサポートは、安定性や継続性の面で弱みを抱えている反面、こうした多様な支援を柔軟に、一人ひとりに合わせて実施できるという強みがあります。たとえば、訪問型のサービスを行う住民参加型在宅福祉サービス団体は、介護保険では対応できないような家事や話し相手といった支援を行っています。これは、公的な福祉・介護サービスは必要ないものの、その人にとっては非常に大切だと考えられる制度の狭間にある支援を会員同士の助け合いとして提供しているのです。

3　助け合いによる生活支援の固有性　～つながりを届ける・双方向性

　助け合いによる生活支援には、具体的に生活を支えるだけでなく、その活動を通して支援を必要とする人と地域社会とのつながりをつくり出すという役割があります。

　たとえば助け合いをベースにした食事サービスは、食事を届ける際に利用者の様子を確認し、会話を交わすといったことを特に大切にしています。具体的な支援を通して、孤立している人々とつながり、その人と地域社会のつながりを回復するという特長は、同じ住民の立場ですすめる助け合いならではの固有の役割といえるでしょう。

　また、支援をする人と支援を受ける人が固定的でなく、対等な立場で、時には入れ替わりながら行われることも、助け合いによる生活支援ならではの特徴です。現在行われている活動を見ると、その担い手の多くは高齢者です。70歳代、80歳代の担い手も珍しくありません。その参加の仕方も、人によってさまざまです。軽度の認知症があっても、料理はとても得意で、食事作りに活躍している人、人と気軽におしゃべりをするのは苦手だけれど、自動車の運転は大好きで移動サービスのボランティアをしている人もいます。たとえ部分的でも、助け合いによる生活支援にとっては大きな力です。

　そして、どんな人も、一方的に支援を受けているばかりでは気づまりを感じます。自分が他人から同情されたり、助けられる立場になったのだということを受け止めるのは、つらいことでもあるでしょう。「ふれあい・いきいきサロン」など地域の居場所づくりの活動では、参加者自身がお茶を入れたり準備をしたりと何らかの役割をもち、ボランティアと参加者の垣根はできるだけ低くなるように留意されていることが多くあります。また、高齢者だけのサロンではなく、子どもがいたり障害がある人がいるサロンもあります。高齢者が子どもをあやしたり、障害がある人が高齢者の食事を運んだりと、そこに集う人が多様であるからこそ、お互いにできないことを助け合うためにいろいろな仕事・役割が生まれます。これも、助け合いなら

ではの特徴です。

　助け合いでは、誰かのためだけではなく、「自分のためでもある」「私たちの問題である」という意識がベースにあることが重要です。担い手がいくらやる気でも、どこで誰がどんなことに困っているのか、他者からの助けを受け入れてくれるかどうか、そういった条件がなければ助け合いは成り立ちません。その意味では、今助けられている人も、この活動を運営し、地域に支え合いの体制づくりをすすめていくために大きな役割を担っているということができるでしょう。

　住民主体の生活支援サービスを広げていく際にも、サービスの種類や量を増やすことにとらわれるのではなく、こうした助け合いによる生活支援の固有の役割や特徴を発揮できるようにしていくことが大切です。

MEMO

III

助け合いによる生活支援の
内容、主体

1　助け合いによる生活支援の位置づけ

　上述してきたように、助け合いによる生活支援は、住民同士の「お互いさま」の意識や自然な気づかい合いから出発するものですが、こうした取り組みを継続的・安定的に運営するために、システム化をすすめる取り組みも広がっています。

　全国社会福祉協議会（全社協）では従来から、こうしたある程度事業化・システム化が図られた活動を「生活支援サービス」として整理してきました。本マニュアル（第 1 巻）では、これら全体を含めて「助け合いによる生活支援」と位置づけています。総合事業における「住民主体の生活支援サービス」はこれらの中の一部を公費による補助や助成の対象として指定するものであり、「助け合いによる生活支援」は、総合事業における生活支援サービスよりも幅広い内容を含みます。

　図 8 は、公的サービス、生活支援サービス、見守り支援活動（小地域ネットワーク等）、近隣の自然な助け合い・支え合いの関係を整理したものです。

　図の左にいくほど、密度の高い支援を安定的・継続的に行うためのシステム化・事業化がすすめられ、サービス提供体制の高度化や財源の安定化、担い手の雇用や法人格の取得も含めた組織の基盤強化が図られています。また、支援を必要としている人の生活を真に支えるためには、それぞれのサービス・活動の隙間が埋まっていく必要があります。

　現状では、生活支援サービスの主なものとしては訪問型サービス（住民参加型在宅福祉サービス）、食事サービス、移動サービス、居場所づくり（サロン等）、宅老所等が挙げられますが、これにとどまらず、新たなニーズに対応するタイプやたとえば教育や観光、地域産業の活性化等と協働するタイプのサービス・活動も期待されます。

図 8 ● 助け合いによる生活支援

```
このうちの一部が総合事業の          助け合いによる生活支援
サービスとなる
```

公的（福祉・保健・医療）サービス	生活支援サービス	見守り支援活動	近隣の自然な助け合い・支え合い
	訪問型サービス（住民参加型在宅福祉サービス）、食事サービス、移動・外出支援（移動サービス）、宅老所等	見守り支援活動、ふれあい・いきいきサロン等	

システム化・事業化　←

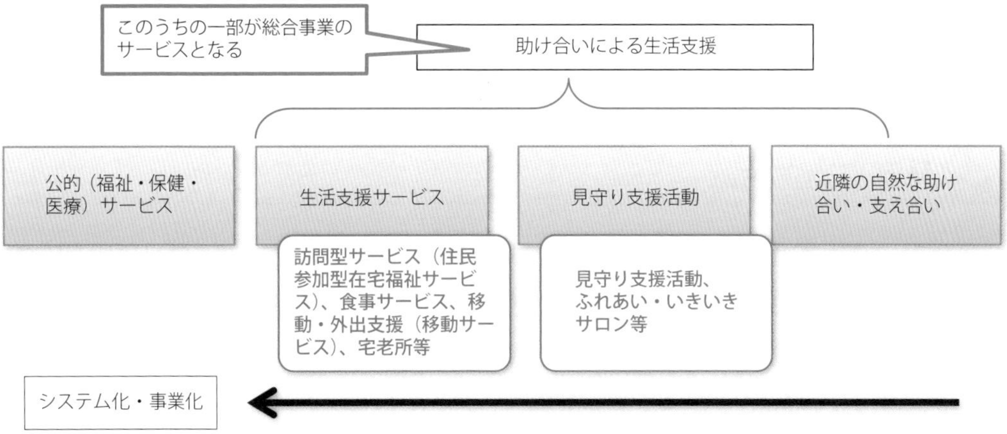

2　活動・サービスの種類と内容

1　見守り支援活動

　高齢者、障害者一人ひとりに対して、1〜数人程度のボランティア（多くは近隣の人）がチームを組んだり、あるいは個々で、見守り、訪問、生活支援（ごみ出しや布団干し、買い物、通院付き添い等の軽微な手伝い）を行うもの。ボランティアだけでは解決できない問題は、専門機関につなぐ仕組みをもっており、問題発見、つなぎの仕組みであると同時に、孤立しがちな状態を解消し、関係をつくり、確実に地域社会とつなぐ仕組みです。

　本人の了解を得て行うことが基本ですが、了解が得られない人にこそ、より深刻な問題がある場合が多くあります。その場合には、新聞が溜まっていないかどうか、電気がついているかどうか等を生活のなかで気づかうことを通じた緩やかな見守りを実施することもあります。

　近年は、新聞配達や郵便、ガス・水道・電気事業者（検針）、宅配事業者等と連携して異変を察知した場合に関係機関に連絡する仕組みを導入する地域も増えています。

事例

　A市社会福祉協議会では、市内の全地区社協において見守りネットワーク活動を実施しています。

　まず地区社協において、自治会役員、民生委員・児童委員や福祉委員等が中心になって、地域で気がかりな人、見守りや必要と思われる人について話し合います。そこで話題にあがった人については本人の同意を得て生活の状況や困りごとを聞き取り、本人の希望や状況に応じてボランティアによる訪問や声かけ、日常的な見守りを行います。

　また、地域支援ネットワーク会議と呼ばれる集まりを3〜4か月に1回開催し、自治会や地区社協、近隣の住民、行政、介護事業者、ケアマネジャー等が参加して情報を共有したり課題について話し合いがもたれています。

2　居場所づくり、サロン

　利用者もボランティアも一緒に楽しい時を過ごすという気軽な集いの場、交流の場づくりの活動です。デイサービスとは異なり、あまり構えず、出入り自由、来たい時に来ればいいというような雰囲気を大切にしています。体操やレクリエーション、趣味活動などのプログラムを行うところがある一方、特別なプログラムをもたないで自由に時間を過ごすというところもあります。

　開催頻度は、月1回から週1回程度開催するところが多くなっていますが、なかには常設の拠点で毎日開催しているところもあります。参加者については、高齢者、障害者、子育て家庭等を対象に設定している場合もありますし、対象を限定せずに誰もが来られるようにしているところもあります。また、名称についても、「ふれあい・いきいきサロン」、「地域の茶の間」、「ふれあいの居場所」、「地域の縁側」、「コミュニティカフェ」などさまざまなものが広がっています。

事例

　関西地方のB市では、地区にある特別養護老人ホームの地域交流スペースを利用して毎週木曜日に「ふれあい喫茶」が開かれています。

　毎回参加者は20～30人と盛況で、参加者はお茶を飲みながらおしゃべりをしたりカラオケを楽しんだりと思い思いに過ごしています。外部から講師を招いて介護保険制度の学習をしたり、保健師が来て健康相談にのったりといった取り組みも行われています。

　「ふれあい喫茶」が始まったのは、一人の民生委員からの発案でしたが今では担い手となって協力するボランティアも増えており、歩いて会場まで来ることが難しい人には送迎をするなど地域に助け合いの輪が広がっています。

3　訪問型サービス

　1980年代から在宅介護サービスの不足に危機感を抱いた主婦等の活動から広がったもので、全社協ではその実態に関する調査研究を行い、「住民参加型在宅福祉サービス」と命名し活動を推進してきました。利用者と担い手が共に会員となり、助け合いとして家事援助、身体介護、話し相手、外出援助、育児支援などのサービスを行います。助け合いに基づく活動ですが、利用者の遠慮や気兼ねを取り除くことと、団体の運営の安定化のため、有償としているところに特徴があります。NPO法人格を有して活動する団体もありますが、自治会・町内会や地区社協、ボランティアグループ等が会員同士の助け合いの仕組みとして展開している例も多くあります。

　介護保険サービス等の制度で対応できないようなきめ細かで柔軟なサービスを提供するとともに、サービスを通して利用者との関係性をつくり、暮らし続けることのできる地域づくりをめざしています。市町村域、あるいはさらに広域で行われている場合が多いようですが、地区社協等が母体となって小学校区域で実施している事例も見られます。

事例

　C市で助け合い活動を実施する団体Yは、家事援助や子どもの一時預かり、送迎サービス、話し相手などさまざまな活動を行っています。

　支援を利用したい人（利用会員）も、支援の担い手になる人（協力会員）も年会費を払って会員として登録し、利用する人は内容によって1時間（1回）500〜700円の料金を支払います。団体には3人のコーディネーターがおり、利用会員のニーズと協力会員の提供可能な時間・内容をマッチングします。

4　食事サービス

　1980年代以降、「地域での豊かな老後を主体的に実現しよう」と、多くの食事サービス活動団体が生まれ、草の根で都市部を中心に全国に広がりました。食事サービスは、生きていくうえで基盤となる食生活の支援を糸口に高齢者や障害者と関わりをもち、そのなかで高齢者や障害者が、地域とのつながりをもつきっかけを提供するところに大きな特徴があります。

　全国老人給食協力会が平成20（2008）年に行ったアンケート調査によると、食事サービス活動団体が特に重視していることは「身近な地域の助け合い」と答えています。このことからも、住民にとって食支援活動は身近な活動だとも位置づけられます。

　食事サービスの形態は、交流目的・介護予防の「会食サービス」と、生活支援・見守りの「配食サービス」の二つに分けられます（表2）。「会食サービス」は、食事と会話を一緒に楽しむなど、ボランティアとして気軽に参加できることから、住民が助け合いに関わるきっかけとしても有効です。「配食サービス」は、訪問を通じた会話や安否確認に加え、栄養バランスの改善を図ることを目的としています。どちらも、調理や配達・回収、献立の作成など、経験やスキルに合わせてさまざまな関わり方ができます。

　食に関するその他の活動としてミニデイサービスや、調理が不得手な高齢男性などを対象とした料理教室などもIADL（手段的日常生活動作）向上を目的とした活動の一環として徐々に各地で取り組まれています。

　高齢者に限りませんが、質の高い（安心で必要な栄養が確保された）食事を確保できる機会があることは、QOL（生活の質）や健康の観点から見て、極めて重要な事項です。特に高齢者は低栄養状態になると要介護状態に陥るリスクが増すので、多方面からの食事支援のアプローチは重要となります。また、認知症高齢者や鬱病など、より支援が必要な方に対する専門的な見守りのニーズも増大しており、食事を通じた支援ならば比較的安心して扉を開けてくれる方も多いので、安否確認を兼ねて生活の困りごとなどを聞き出し、地域包括支援センターや他の福祉サービスにつなげる役割もあります。

表2 ● 食事サービスの形態	（出典：全国老人給食協力会）
会食サービス	配食サービス
・集まって一緒に食事と会話を楽しむスタイルで、食を通じてコミュニケーションの場をつくることが目的。 ・自由に出入りできるコミュニティレストランやカフェの形式もある。	・食事を利用者の自宅まで配達するサービスで、家事の負担軽減や栄養バランスの改善が目的。 ・訪問を通じた会話や安否の確認も重要な目的。

事例

　関東地方のD市で活動するボランティアグループK は、食事作りに困っている人をサポートしたいと仲間が集まって団体を立ち上げました。週3回、市内の一人暮らし高齢者20人に夕食を提供しています。調理のボランティアのほか、多くの配達ボランティアが関わって運営を支えています。また、月1回は「ふれあい会食会」を公民館で開催し、20人の高齢者とボランティアが食事をしながら交流する機会をつくっています。

5　移動・外出支援（移動サービス）

　移動や外出が困難な高齢者・障害者等（＝移動困難者、移動制約者）を対象に、自動車を使って自宅と目的地の間を送迎し外出を支援するサービスです。移動や外出を妨げる要因は、身体面、精神面、地域性、経済面、利便性、生活（能力）面、意欲面等多岐に渡ります。そのため単に自動車の運転をするだけではなく、必要に応じて乗り降りの介助、目的地での付き添い、乗車中の見守り、外出意欲の創造等も行うのが特徴です。

　過疎化の進む地方部や都市の郊外では、通院や日常の買い物に困っている人が急増しています。このような状況に対し、わが町を守ろうと住民自らが送迎しあう動きが生まれています。こうした取り組みを総称して、本書では「移動・外出支援」と呼んでいます（一般には「移動サービス」「送迎サービス」「移送サービス」[3] とも呼ばれる）。移動・外出支援は、道路運送法上の登録を受けて行う「福祉有償運送」「公共交通空白地有償運送（旧：過疎地有償運送）」と、道路運送法上の許可や登録を必要としない活動に大別されます。

　福祉有償運送は、対象者を主に障害者や要介護・要支援高齢者等に限定して送迎するサービスです。公共交通空白地有償運送は、過疎地域や公共交通が不便な地域で、地域住民や親族等を対象に、送迎するサービスです。どちらも、利用料（対価）は営利とは認められない範囲とされ、運送区域となる市町村が設置する運営協議会において必要性等の合意を得る必要があります。運行管理の方法や運転者の要件も定められています。一方登録または許可が不要の活動は、利用者の負担が実費程度の送迎や、乗車前後を含めてトータルに生活支援を行う（送迎だけの特別な費用負担を求めない）形態等、運行について有償性がない活動で、特に法的な定めはなく、対象者や地域の限定もありません。

> **事例**
>
> 　移動サービスを提供する NPO 法人 W は、移動サービスのほかにも家事や庭仕事などの生活支援を提供している団体です。移動サービスについては、福祉有償運送の登録を行っており、病院の送迎・付き添い、買い物、外食・レジャー等さまざまな目的で利用されています。運転者は、企業を定年退職した男性を中心にボランティアを募っており、運転者講習を行うなど、安全なサービスに努めています。

---

[3]　「移動サービス」は、非営利団体によるサービスをさすのが一般的ですが、営利法人が介護サービスとして行う移送、送迎や個人による福祉限定タクシーも広義の「移動サービス」といえるでしょう。

6　宅老所

　民家などを活用し家庭的な雰囲気で、利用者一人ひとりのリズムに合わせた柔軟なケアを行っている小規模な事業所です。通い（デイサービス）の形態から出発し、通いのみを提供しているところから、泊り（ショートステイ、ナイトケア）、自宅での支援（ホームヘルプ）、住まい（グループホーム）、配食（昼・夕食弁当）などの提供まで行っているところもあり、サービス形態は多様です。

　利用者については、多くのところが高齢者のみとしている一方で、子どもや障害者など支援を必要とする人すべてを受け入れているところもあります。

　保健医療福祉の専門職が、大規模施設での集団処遇に限界を感じて小規模で個別的なケアができる場をつくりたいと立ち上げる例が多く、たとえば認知症で周辺症状が悪化して他の施設では受け入れを拒否されるような人も断らずに受け入れるような取り組みをしています。また、利用者に限らず地域住民との関わりを積極的にもち、専門職がアウトリーチして住民と協働して創り上げる地域のケア拠点としての役割を発揮しています。

事例

　F市にある宅老所Gは、もともと特別養護老人ホームの職員だったNさんが自施設の介護の現状に疑問を感じて、小規模な施設で個別的なケアをしたいという思いから開設しました。

　地域の人が出入りしやすい便利な場所につくられ、通い、泊まり、居住の機能をあわせもっています。また、できるだけ自宅のように暮らしてもらいたいとの思いから、一般の民家に近い間取りになっています。

　ボランティアや地域住民との関わりも密接で、地域のいろいろな人が支え合うための拠点となっています。

3　助け合いによる生活支援の担い手

　助け合いによる生活支援は、まったくお金を受け取らない完全に無償のボランティアだけではなく、交通費などの実費は受け取る、被雇用者ではないが低額の謝礼は受け取る、いわゆる「ボランティアポイント」[※4] や「地域通貨」等を利用するなど、さまざまな担い手、さまざまな参加の方法によって支えられています。また、NPO 法人となっている団体などでは、中核的なコーディネーターや管理者、事務員等を雇用している場合もあります。

　ここでの低額の謝礼とは、活動を完全に無償で行うよりも、お金を介在させたほうが頼む人も気兼ねなく、頼まれるほうもやりやすいという経験から生まれたもので、「労働の対価」ではなく自発的・自主的な活動に対する「謝礼」と位置づけられます。活動の担い手は、次項に挙げるような団体に所属して活動を行います。

　なお、ボランティアであるか、ないかの違いは雇用関係にあるかどうかという点であると考えられます。実際のサービス実施にあたっては、上司の指揮命令下にあるのか、コーディネーターの連絡調整下にあるのかという違いに表れます。

[※4]　介護予防を目的とした取り組み。介護施設などでボランティア活動に参加した時間数をポイント化して、換金や寄付ができたり、介護が必要になった場合にポイントに応じて介護サービスを受けることができたりする市町村独自の制度。

4　助け合いによる生活支援を行う組織

1　ボランティアグループ、NPO（特定非営利活動法人）

1）ボランティアグループ

　全社協／全国ボランティア・市民活動振興センターの調査によれば、平成25
（2013）年4月現在、全国の社協に設置されたボランティア・市民活動センターが
把握しているボランティア活動者数は7,609,487人となっており、そのうち約
85％が何らかの団体に所属して活動を行っているとされています。ボランティア
グループ数は210,936団体で、活動分野としては「高齢者への福祉活動」が最も多
く、続いて「障害者の福祉活動」、「地域の美化・環境保全に関する活動」、「まちづ
くりなどに関する活動」などの分野が多くなっています。助け合いの担い手として
大きな役割を果たしていますが、小規模な団体も多く、メンバーの新規募集や活動
財源・拠点の確保などが課題として多く挙げられており、基盤強化に向けた支援が
重要です。

　助け合いによる生活支援を行うボランティアグループの立ち上げは、自身や身近
な人の経験から、活動の必要性を実感した人が中心となって仲間に呼びかけて結成
される場合、社協ボランティアセンターやNPOの中間支援組織、行政等が実施す
るボランティア養成講座などで知り合った仲間同士がグループを立ち上げる場合な
どがあります。助け合いによる生活支援を担うボランティアグループを地域に増や
していくために、地域の課題を広く知らせ共有する取り組みや思いをもった人同士
の出会いをつくる取り組みなどもボランティアグループの組織化支援において有効
と考えられます。

2）NPO

　NPO（特定非営利活動法人）は、平成10（1998）年に成立した特定非営利活動
促進法に基づいて設立された法人です。平成30（2018）年2月現在51,613団体
が認証されていますが、その活動分野をみると「保健、医療又は福祉の増進を図る

活動」が最も多く58.9％となっています（内閣府）。助け合いによる生活支援を目的に発足し、活動をしてきたボランティアグループのなかには、ニーズに応えて介護保険事業や障害福祉サービスを実施するためにNPO法人格を取得するところもあります。

2　地縁型組織

1）自治会・町内会

　自治会・町内会は、最も人々の生活に身近で基礎的な単位の組織です。しかし、近年では加入率の低下や中核的な担い手の高齢化等が課題になっている地域も少なくありません。一方で、自治会・町内会にたとえば福祉部会やボランティアグループといった有志の組織を発足させ、高齢者への見守り活動やサロン等の居場所づくりの取り組みを積極的に行っている地域も見られます。

　いわゆるニュータウン地域での集合住宅などでは、団地全体での高齢化が著しく、孤立死の問題の深刻化等を背景に、自治会・町内会でのつながりがあらためて注目されている状況もあります。一方で、身近だからこそ家庭内の事情を知られたくないという住民感情や、結束が強い反面、少数者の生活課題に気づきにくいことも見られるところであり、助け合いによる生活支援をすすめる際には啓発活動や福祉教育等による福祉意識の醸成も重要です。

2）地域福祉推進基礎組織（地区社協等）

　社会福祉協議会（後述）では、助け合いのある地域づくりをすすめるために、従来から地区社協、校区福祉委員会、自治会福祉部等の名称で自治会・町内会を基盤とした住民の福祉活動の組織づくりをすすめてきました。これらを総称したのが「地域福祉推進基礎組織」です。

　平成27年度社協活動基本調査（全国社会福祉協議会）によれば、地域福祉推進基礎組織が「ある」と回答した社協は50.9％にのぼっています。組織のあり方は、地域によってさまざまな形態をとっており、福祉活動を主目的とする基礎組織である場合、福祉活動を主目的としない組織の一部になっている場合などがあります。活動の範域は、小学校区単位が多く、小さいところは自治会・町内会、大きいところでは中学校区単位となっています。活動内容は地域によってさまざまですが、具体的には以下のような活動が多く行われています。

- 地区福祉大会、福祉講座、介護教室、研修会等の開催
- 地区地域福祉活動計画づくり、提言活動
- 一人暮らし高齢者調査等ニーズ調査
- 見守り・支援ネットワーク活動（見守り、安否確認、簡易な支援）
- 個別支援活動（食事サービス、「ふれあい・いきいきサロン」）
- 相談活動
- 当事者組織活動支援（一人暮らし高齢者、介護者等）
- 会費集め、共同募金、バザー等活動財源づくり

3　社会福祉協議会

　社会福祉協議会（社協）は、「地域福祉の推進を図ることを目的とする団体」として社会福祉法に規定された組織です。「市区町村社会福祉協議会経営指針」（全国社会福祉協議会・地域福祉推進委員会）では、社協の使命について「市区町村社協は、地域福祉を推進する中核的な団体として、誰もが安心して暮らすことができる福祉のまちづくりを推進すること」としています。

　社会福祉協議会は、助け合いのある地域づくりにむけて、住民の助け合いを支援するとともに、住民の福祉活動との協働を推進し、地域における総合的な相談・生活支援体制の構築をめざしています。具体的には、ボランティア・市民活動センターにおいて助け合いによる生活支援の担い手を養成する講座等を開催する、地区社協等の地域福祉推進基礎組織づくりを推進する、地域の課題や解決方法について住民同士が話し合う住民座談会や懇談会を開催する、住民による助け合いと専門職や専門機関による支援のネットワークをつくるといった取り組みを行います。

4　生活協同組合

　生活協同組合（生協）は、消費生活協同組合法に基づく協同組合で、「非営利目的の組合員の相互扶助組織」と「経済事業体」としての両面の使命をもっています。

　食品の共同購入や店舗のイメージが強い生協ですが、福祉活動として「くらしの助け合い活動」を行っており、平成25（2013）年度には全国59の生協で家事や子育ての助け合いを行う有料・有償の住民参加型在宅福祉サービスが実施されています。

また、行政や社協、地域の事業者と連携し、配達担当が訪問時に高齢者の見守りを行う「安心見守り協定」を結ぶ取り組みも全国に広がっています。

5 農業協同組合

農業協同組合（農協）は、農業協同組合法に基づく協同組合で、相互扶助の精神のもとに農家の営農と生活を守り、高め、より良い社会を築くことを目的に組織されています。

農協では、組合員の高齢化や高齢者を抱える組合員のニーズを踏まえて訪問介護や通所介護などの介護保険事業を実施するとともに、組合員による助け合い活動を推進しています。組合員やその家族だけでなく、地域の高齢者も含めて生活を支援するための有料・有償の在宅福祉サービスを実施するほか、全国の農協女性部を対象にホームヘルパーの養成研修を実施しています。

6 当事者団体（組織）

当事者団体（組織）は、たとえば一人暮らし高齢者や障害がある人、その家族などの団体をさします。全国組織をもつものから、市町村域や地域での活動を中心とするものまであり、活動内容についても、定期的に集まり交流し合うことを通して、励まし合いや悩みの分かち合い、情報交換を行うもの、さらに、当事者の立場からの意見や要望を施策等に反映させるためのソーシャルアクション等につながる取り組みもあります。

また、当事者自身の視点を生かして、相談活動や事業主体として福祉サービスを行う場合もあります。たとえば老人クラブでは、従来から一人暮らし会員に対する友愛訪問やサロン活動などを行っており、安否確認や地域との交流の機会づくりにつながっています。

7 社会福祉法人

社会福祉法人は、社会福祉事業を実施するために社会福祉法に基づいて設立される公益法人で、強い公的な規制と監督のもとで助成や税制優遇を受けて事業を実施しており、社会福祉の中核的な担い手として全国で約2万の法人が存在しています。

　一方で、昨今では介護サービスや保育などで民間企業の参入がすすみ、いわゆるイコールフッティング※5がいわれるようになっています。

　これに対して平成28（2016）年には社会福祉法人制度改革が施行され、組織経営や財務規律の強化、透明性の確保等が課題とされるとともに制度の狭間となっているような地域の課題に対しての公益的な取り組みが義務化されました。

　社会福祉法人は、多くの専門職を擁しており、助け合い活動と協働することで、その専門知識やさまざまなノウハウを地域に還元していくことができます。また、施設設備といったハード面についても、ボランティアの活動や話し合いの場所として貸し出すなど、可能な範囲で地域に開放していく取り組みも広がりつつあります。

※5　平成25（2013）年10月以降の規制改革会議において取り上げられました。多様な経営主体が参入する介護・保育事業等における社会福祉法人と他の経営主体との公平性のことをいいます。

IV

助け合いによる生活支援の
具体化

1　助け合いによる生活支援の視点

　　助け合いによる生活支援の最終的な目標は、本人のできないこと、大変そうなことを代行することではありません。時には代わりにやることもありますが、手伝いをしたり一緒に行いながら、できる限り本人ができること、やりたいと思うことを引き出し、その人らしい暮らしを支援すること、そして、支援を通して人間関係をつくり、「一人ではない」という実感をもってもらうことです。そのためには、次のような視点を本人も関わる人も全体で共有していく必要があります。

　　・本人のできることを周りの人が奪わない
　　・多様な生活のあり方を尊重し、あるべき姿を押し付けない
　　・サービスありきではなく、本人や地域の力を生かす
　　・支援を受けるだけの人をつくらない。みんなに役割をもってもらう。

2　専門職と助け合いによる生活支援の協働の必要性

　多様な生活支援ニーズに対応し、さらに、地域社会との関係づくりを含めた生活支援を行っていくためには、介護保険サービス等の専門職による援助と助け合いによる生活支援との協働が必要になります。

　しかしこれまでは、支援を必要とする状態になった場合には専門職によるサービスだけで対応しようとする傾向が強く、助け合いのようなインフォーマルなサポートとの協働は十分とはいえませんでした。

　専門職側の立場からは、ボランティアが中心的な担い手となっているような活動について、どこまで責任をもった対応が期待できるのか、個人情報をどのように共有すればいいのかなど、さまざまな不安や戸惑いがあります。また、助け合いの担い手の側にも、過剰な負担や他人の生活に深く関わることへの懸念などがあります。近隣の住民が時々様子を見に行っていた一人暮らしの高齢者の家に、ホームヘルパーが入るようになると、もう安心だからと住民が訪れなくなってしまうというような事例もよく聞かれるところです。

　どちらかが入ればどちらかが引くというような関係ではなく、専門職と住民の両者が協働して生活支援をすすめることが必要です。そのための考え方や役割、求められる姿勢、具体的な協働の工夫等については、今後明らかにしていくことが課題であり、それぞれの地域で実践を重ねながら共通の認識をつくりあげていく必要があります。

3　協働による生活支援の実際

1　専門職と助け合いによる生活支援のコーディネート

　専門職と住民による助け合いの協働をすすめる際には、両者をつなぐ機能が重要であり、地域福祉コーディネーターやコミュニティソーシャルワーカー等と呼ばれる専門職が配置されている地域もあります。地域支援事業で配置される生活支援コーディネーター（地域支え合い推進員）についても、新たな社会資源開発や助け合い活動団体同士のネットワークづくりとともに、地域の専門職と助け合いによる生活支援の協働を推進する役割を発揮することが期待されています。

　また、助け合い活動団体に所属して個別支援に際して本人のニーズと助け合いによる生活支援のマッチングを行う第３層のコーディネート機能についても、利用を希望する本人の心身の状況や生活の様子、思いなどを十分にアセスメントし、助け合いによる生活支援の特徴を生かした支援を行ううえで重要です。また、ケアマネジャー等と連携し、必要に応じて専門職と協働して支援体制を組むことも重要な役割です。

2　地域ケア会議

　専門職と住民による助け合いの具体的な協働の仕組みとして、地域ケア会議の活用が挙げられます。地域ケア会議は、個別ケースの支援内容の検討を通して、高齢者の実態把握や課題解決のための地域包括支援ネットワークの構築、地域課題の把握等を進めることを目的として地域包括支援センター等が開催するものです。

　地域ケア会議の参加者は、ケアマネジャーやサービス事業所などとともに、民生委員・児童委員やボランティア、地域住民等も参画することが期待されており、今後はさらに助け合いの担い手などの参画を推進する必要があります。共に個別ケースの支援に取り組むなかで、情報共有や支援方針のすり合わせ、課題発見、ネットワークづくりなど、専門職と助け合いの協働をすすめる場として活用していくこと

が必要です。

　協働を具体的にすすめるためには、自治体全域や地域包括支援センター圏域だけでなく、住民の助け合いが行われているより小さな圏域（小学校区や自治会・町内会エリア）での地域ケア会議が重要になります。すでに、地域ケア会議のような個別事例検討の場をこうした小さな圏域をベースに行っている例があります。これらは、専門職の側が、助け合いによる生活支援が行われる地域の側にアウトリーチしていく取り組みといえます。

　今後は、医療・介護・福祉のさまざまな専門職がこうした小地域ベースの会議に参画し、住民の助け合いによる支援と専門職による支援の協働をすすめていくことが求められるでしょう。

事例 ―――――――――――― **小地域でのケア会議の取り組み**

　U市では、自治会などの小地域単位で住民が参加してニーズ把握や支援について話し合う場として地域見守り会議が開催されています。

　地域見守り会議は、住民自身が中心となって開催されるもので、自治会役員や民生委員・児童委員、住民ボランティアのほか、介護事業所や地域包括支援センターから専門職も参加して行われます。ここで解決が難しい問題については、中学校区圏域を単位に開催されている地域ケア会議にもち込まれ、対応に向けた検討や新たな社会資源の開発につなげられます。

4　生活支援コーディネーター・協議体の役割

　平成 27 年度の介護保険制度改正により、生活支援サービスの拡充を図るため、生活支援体制整備事業として生活支援コーディネーターの配置や協議体の設置が位置づけられました。

　「介護予防・日常生活支援総合事業ガイドライン」（以下、ガイドライン）では、生活支援コーディネーター（地域支え合い推進員）と協議体の役割について以下のように整理しています。

「介護予防・日常生活支援総合事業ガイドライン」（老発 0627 第 7 号令和 4 年 6 月 27 日）

◆コーディネーターと協議体によるコーディネート機能の考え方

　日常生活ニーズ調査や地域ケア会議等により、地域の高齢者支援のニーズと地域資源の状況を把握していくことと連携しながら、地域における以下の取り組みを総合的に支援・推進。

①　地域のニーズと資源の状況の見える化、問題提起

②　地縁組織等多様な主体への協力依頼などの働きかけ

③　関係者のネットワーク化

④　目指す地域の姿・方針の共有、意識の統一

⑤　生活支援の担い手の養成やサービスの開発（担い手を養成し、組織化し、担い手を支援活動につなげる機能）

⑥　ニーズとサービスのマッチング

　コーディネート機能は、概ね以下の 3 層で展開されることが考えられるが、生活支援体制整備事業は第 1 層・第 2 層の機能を充実し、体制整備を推進していくことが重要。

第 1 層　市町村区域で①〜⑤を中心に行う機能

第 2 層　日常生活圏域（中学校区域等）で、第 1 層の機能の下、①〜⑥を行う機能

第 3 層　個々の生活支援等サービスの事業主体で、利用者と提供者をマッチングする機能

◆コーディネーターの目的・役割等
① コーディネーターの設置目的
　　市町村が定める活動区域ごとに、関係者のネットワークや既存の取組・組織等も活用しながら、上記のコーディネート業務を実施することにより、地域における生活支援等サービスの提供体制の整備に向けた取組を推進することを目的とする。
② コーディネーターの役割等
　　・生活支援の担い手の養成、サービスの開発（第1層、第2層）
　　・関係者のネットワーク化（第1層、第2層）
　　・ニーズとサービスのマッチング（第2層）
③ 配置
　　地域包括支援センターとの連携を前提とした上で、配置先や市町村ごとの配置人数等は限定せず、地域の実情に応じた多様な配置を可能とする。
④ コーディネーターの資格・要件
　　地域における助け合いや生活支援等サービスの提供実績のある者、または中間支援を行う団体等であって、地域でコーディネート機能を適切に担うことができる者。
　※　特定の資格要件は定めないが、市民活動への理解があり、多様な理念をもつ地域のサービス提供主体と連絡調整できる立場の者であって、国や都道府県が実施する研修を修了した者が望ましい。
　※　コーディネーターが属する組織の活動の枠組みを超えた視点、地域の公益的活動の視点、公平中立な視点を有することが適当。
⑤ 費用負担
　　人件費、委託費、活動費用については、地域支援事業（包括的支援事業）が活用可能

◆協議体の目的・役割等
① 協議体の設置目的
　　生活支援等サービスの体制整備に向けて、多様な主体の参画が求められることから、市町村が主体となって、「定期的な情報の共有・連携強化の場」として設置することにより、多様な主体間の情報共有及び連携・協働による資源開発等を推進することを目的とする。
② 協議体の役割等
　　○ コーディネーターの組織的な補完
　　○ 地域ニーズの把握（アンケート調査やマッピング等の実施）
　　○ 情報の見える化の推進
　　○ 企画、立案、方針策定を行う場

○ 地域づくりにおける意識の統一を図る場

○ 情報交換の場

○ 働きかけの場

（例）

・地域の課題についての問題提起

・課題に対する取組の具体的協力依頼

・他団体の参加依頼（A団体単独では不可能な事もB団体が協力することで可能になることも）

③ 協議体の設置主体

　市町村と第1層のコーディネーターが協力して地域の関係者のネットワーク化を図り、協議体を設置する。

※　地域の実情に応じたさまざまなネットワーク化の手法が考えられるため、既に類似の目的をもったネットワーク会議等が開催されている場合は、その枠組みを活用することも可能。協議体の事務局については、市町村におかないことも考えられ、地域の実情に応じた形で実施可能。

※　特定の事業者の活動の枠組みを超えた協議が行われることが重要であり、たとえば、当面は、市町村が中心となって協議の場を設けるなどし、関係者間の情報共有を目的とした緩やかな連携の場を設置することも一つの方法。

④ 協議体の構成団体等

　・行政機関（市町村、地域包括支援センター等）

　・コーディネーター

　・地域の関係者（NPO、社会福祉法人、社会福祉協議会、地縁組織、協同組合、民間企業、ボランティア団体、介護サービス事業者、シルバー人材センター等）

　※　この他にも地域の実情に応じて適宜参画者を募ることが望ましい。

⑤ 費用負担

　人件費、委託費、活動費用については、地域支援事業（包括的支援事業）が活用可能

　これらの取り組みのなかで、まず重要なのは、助け合いに関わる団体や事業者が集まり、協議の場（協議体）をつくることです。ガイドラインでは、一例として、市町村がまずは生活支援サービスの充実に関する研究会を立ち上げ、ニーズや資源の把握、市町村の方針を決定したうえで各地域において協議体を設置し、協議体の議論を踏まえてコーディネーターを選出する流れが提示されています。

　実際のすすめ方は地域の状況によって異なることも考えられますが、まずはインフォーマルな形で研究会等を立ち上げ、関係者が顔を合わせ、めざす方向性や既存

の資源の見える化、ニーズに関する情報の共有、不足している資源等について協議をすすめることが重要になります。

　協議体の構成について、ガイドラインでは行政機関（市町村、地域包括支援センター等）、コーディネーター、地域の関係者（社会福祉法人、社会福祉協議会、地縁組織、協同組合、NPO、民間企業、ボランティア団体、介護サービス事業者、シルバー人材センター等）を例示しています。非営利の助け合いの活動団体だけではなく、たとえば配達時に見守りを行っている新聞店や宅配業者のように社会貢献として助け合いによる生活支援への関わりが期待される民間企業についても参画を呼びかけることが考えられます。老人クラブは当事者組織であると同時に、自らも見守り活動やサロンづくりなどの助け合いを行っており、担い手としてもぜひ構成メンバーに加わることが期待されます。

　加えて、社会福祉法人に関しては、制度の狭間となっている課題への積極的な取り組み、地域への貢献が要請されているとともに、専門職人材やノウハウをもった有力な協働のメンバーです。

　協議体の運営では、ネットワークづくりの入口として、まずは各団体が日頃の支援のなかで抱えている課題、対応できていないけれども気になっているニーズなどを出し合うことから始めることが考えられます。互いの情報共有がすすんできた段階で、個別の事例検討などを行うことも自立支援の考え方の共有や具体的な支援方法の理解につながります。

　なお、こうした話し合いでは、高齢者以外のニーズも出てくることが推測されます。それを協議体の対象外と切り離して終わるのではなく、行政内の担当部局につないだり、各分野の施策や行政計画に反映させるといった対応、協議体からの提案を施策につなげる流れづくりも重要です。制度に合わせてニーズを縦割りにするのではなく、ニーズから出発して解決の仕組みづくりをすすめるという姿勢を貫くことが協議体において求められるでしょう。福祉をはじめ関連分野の施策との連携を図り、まちづくりをすすめることができるよう、各自治体において協議体の位置づけや圏域の設定のあり方等を十分検討していくことが重要です。

　また、活動団体の多くが抱えている課題が、担い手の確保や養成に関することです。協議体は、生活支援の担い手の養成やサービスの開発の機能も期待されており、たとえば合同の研修会や説明会、広報活動を行うなどの取り組みも有効です。

　協議体の大きな役割は、構成メンバーが情報交換をして顔の見える関係をつくり、地域づくりに向けた意識の統一を図っていくことです。生活支援コーディネー

ターの人選については、こうした話し合いが丁寧に行われるなかで、自然にふさわしい人が選出されていくということが大切でしょう。

　コーディネーターは、地域包括支援センターや市町村と連携して協議体を運営するとともに助け合いによる生活支援の担い手養成や活動団体間のネットワークづくり、資源開発など幅広い業務を担います。しかし、権限をもって市町村が決定した方針に従って事業をすすめるというよりは、協議体の機能を活性化することで、助け合いに関わる団体や事業者の協働を促し、新たな活動を創発していくプロセスを支援するような姿勢が求められるでしょう。

V

助け合いによる生活支援を
推進する基盤

1　助け合いによる生活支援と圏域

　助け合いによる生活支援をすすめるうえで、圏域をどのように考えるのかはとても重要な視点です。

　たとえば「ふれあい・いきいきサロン」のような居場所づくりの活動は、町内会・自治会のような、お互いの顔が見えて、歩いて行ける範囲にたくさんの拠点をつくっていくことが有効です。一方で移動サービスのような活動では、通院や買い物などの生活圏域を意識してもう少し広域での対応を考えていく必要があるでしょう。

　自治体の規模や合併の経緯、地域特性等によっても異なりますが、活動内容や担い手の状況、他の社会資源の配置等を考慮しながら圏域を検討し、活動を展開することが有効と考えられます（図9）。

図9 ● 圏域のイメージ　　出典　厚生労働省「これからの地域福祉のあり方に関する研究会報告書」

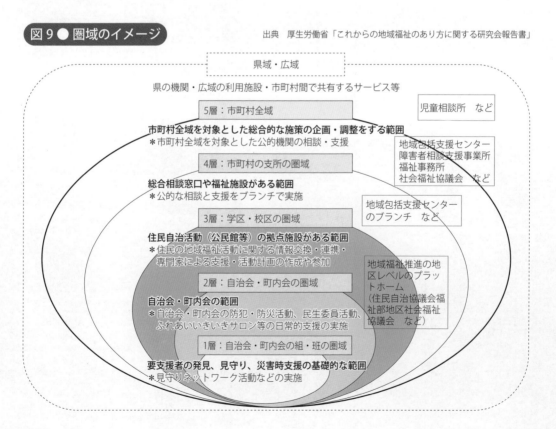

2　地域福祉計画との連携

　地域福祉計画は、平成 12（2000）年の社会福祉基礎構造改革に際して社会福祉法に位置づけられた行政計画です。地域福祉計画は、高齢者、児童、障害者といった対象別・分野別の福祉計画に共通する福祉サービスの基盤について計画化し、福祉の総合化をリードするとともに、その策定にあたっては住民参加ですすめることを重視するという特徴をもっています。

　さらに地域福祉計画は、地域にどのような課題があるかを把握し、それに基づいて、どのような福祉サービスあるいは住民の助け合いによる生活支援をつくっていくかについて計画化するものであり、助け合いによる生活支援をすすめようとする場合には、この地域福祉計画と連携を図ることが重要です。

　地域福祉計画では、調査やヒアリング、住民座談会等を通じて、地域の課題把握を行っていますので、助け合いによる生活支援を始めようとする際に参考にすることができます。また、実際に助け合いをすすめていくなかで、新たなニーズに気づいたり、制度の改善が必要な点が見えてくることもありますので、そうした気づきを次の地域福祉計画に反映させていくような関わりも重要です。

　地域福祉計画と並行して、ボランティアや住民による地域福祉活動について計画化した「地域福祉活動計画」を社会福祉協議会等が中心になって策定している場合があります。地域福祉活動計画は、行政計画である地域福祉計画に住民自身の活動を反映させていく役割をもっており、地域福祉計画とその内容の一部を共有したり、地域福祉計画の実現を支援するための施策を盛り込んだりするなど、相互の連携を図っています。さらに、中学校区や小学校区などの小地域単位での計画を策定している例もあります。小地域単位の計画は、町内会や自治会、地区社協等の地縁型組織が基盤となって作成されている例が多く、これらの団体との連携をすすめるにあたっては、こうした小地域単位の計画も参考にしていく必要があるでしょう。

3　中間支援組織の役割

　中間支援組織は、直接的に住民や利用者にサービスを提供したり支援するのではなく、活動団体を支援するための組織で、NPO 支援センターや社会福祉協議会等のボランティア・市民活動センター、ホームヘルプ・移動・食事サービス等の特定領域における生活支援サービスの連絡会組織等があります。

　地域の問題を解決していくためには、自然発生的な助け合いだけでは対応がむずかしい場合もたくさんあります。また、「思い」だけでは活動を長く継続させることが難しい場合があります。助け合いによる生活支援をやりたいという人同士を出会わせて組織化したり、活動団体同士のネットワークをつくることで情報共有や相互支援の基盤をつくる、助け合い活動団体と専門機関との連携体制をつくる、財源の確保支援を行うといった中間支援組織の役割が助け合いを広げるうえでとても重要です。

　「新地域支援構想会議」に参画する各団体には、全国を圏域にしてこうした中間的支援の役割を担っている団体が多くあり、研修会や学習会を開催したり、ブロックや都道府県を単位に支部等を有している団体もあります。ホームページなどでそれぞれの団体の取り組みを情報収集して活用することをおすすめします。

4　助け合いによる生活支援を
　　サポートする民間財源の醸成

　　助け合いによる生活支援の財源については、総合事業等による助成や行政からの委託事業、介護保険給付費等公的な財源のほか、民間財源を醸成していくことが不可欠です。民間財源のなかでも、寄付は助け合いの一環であり、地域における助け合いを下支えするとともに、当該地域での助け合いによる生活支援への住民・市民の関心を高め、多様な主体に対して寄付を通した活動への参加を促すことにつながります。

　　寄付の募集は、各活動組織が自ら行うほか、共同募金との連携も重要です。地域密着の募金活動である共同募金では全国的に改革をすすめつつあり、当該地域の助成財源についての助成決定を市町村共同募金委員会に委ねる、地域の諸団体からの申請公募の実施を行うなどの取り組みをすすめています。また、地域の課題解決をめざしたテーマに特化した募金手法や、孤立防止のための全国共通助成テーマの設定などの取り組みも行っています。

　　上記の取り組みをいっそうすすめることを期待し、助け合いによる生活支援と共同募金の仕組みが相乗効果をもたらすような動きをつくっていくことが重要です。

5　助け合いによる生活支援の拠点づくり

　助け合いによる生活支援は人と人とのつながりをつくることを重要な目的としていることから、出会いや交流を生み出す物理的な「場」をもつことには大きな意義があります。また、調整を行う事務所機能や、食事サービスなどの調理設備をもつためにも、拠点整備は重要です。

　それぞれの組織が拠点をもつことは効率的ではなく、かつ、人と人、活動と活動のつながりをつくるという面でも効果的ではないので、小地域単位に共通の活動拠点をつくることが望まれます。現実的には共通の活動拠点を網羅的に整備していくことは難しい場合も考えられ、各地域の活動の進展状況に合わせて、徐々にすすめていくことが必要です。

　全国的に空き家の増加が課題となるなか、空き家や商店街の空き店舗、さらには学校の空き教室等の活用が広がっています。また、社会福祉法人等非営利法人や企業等が地域貢献として、建物の中で余裕のあるスペースを提供するなど拠点確保を支援する動きも広がっています。

　助け合いによる生活支援をすすめるうえでも、生活支援コーディネーター等と連携して拠点づくりに取り組むことが重要です。

6　助け合いによる生活支援の
拡充にむけた自治体への期待

　社会・経済のあり方、地域や家族の姿が大きく変化するなか、高齢者福祉に限らず、障害者、子ども・子育て支援、若者支援など、あらゆる福祉課題・生活課題を制度別の縦割りではなく、地域を基盤に横串を通しながら総合的に展開していくことが求められており、そのための基盤である地域づくりへの取り組みが不可欠といえます。

　こうした現状を踏まえて、まず自治体に求められるのは、これからの地域づくりをどのようにすすめるのかというビジョンについて、住民や助け合い活動団体とともに話し合い、地域における住民主体の生活支援を地域包括ケアシステムにどう位置づけるのか、その構想を練り上げていくことでしょう。また、その際には地域福祉計画や各分野別の福祉計画との連動を図ることが重要になります。

　特に、総合事業の実施にあたっては、地域づくりの視点から住民主体の生活支援サービスを拡充していくことが大変重要であり、今後の介護保険制度のあり方、さらには地域のあり方を左右する大きな転換点に置かれているという認識に立って地域包括ケアシステムを推進していくことが求められるでしょう。同時に、これらの考え方を住民に対して広報し、丁寧に伝えていくことも大きな課題です。専門職による福祉サービスだけではなく、助け合いによる生活支援を広げ、住民自身もこれに参加していくことで元気になり、地域で安心して暮らし続けるための環境はより良くなっていくというメッセージを発信することが重要になります。

　また、具体的に活動団体の立ち上げや既存の団体の活動強化をサポートしていく際には、助け合いによる生活支援の特徴をよく理解し、住民の主体的な取り組みや柔軟な支援内容といった「良さ」を削いでしまうことのないような関わりが非常に重要です。

　助け合い活動に参加している人たちの原点は、「目の前にいる困った人を放っておけない」という思いや「自分たちの手で自分たちの地域をよくしたい」という熱意です。だからこそ、ルールや基準に縛られた活動はしたくない、やりたい活動が

できないなら補助金はほしくないといった思いをもつ人も少なくありません。

　自治体は、こうした活動者の思いに寄り添い、今ある活動をいかに壊さず、地域の助け合いの仕組みとして継続させるか、さらに、より多くの人たちを支えられるように、伸ばしていくことができるかといった視点をもつことが必要でしょう。

　そしてその第一歩として重要なのは、地域のさまざまな助け合い活動や団体の取り組みについて知ることです。生活支援体制整備事業において設置をすすめることとなっている協議体の場や生活支援コーディネーターの機能を最大限生かし、地域の助け合いに関わる人、団体の情報共有、地域の課題についての話し合いなどを充実させることが求められます。

　なお、総合事業における補助（助成）は、介護報酬のように個々のサービスについて支出されるのではなく、事業全体について補助（助成）するもので、立ち上げ費用、活動場所の借り上げ費用、間接経費（光熱水費、サービスの利用調整を担う人件費等）が対象経費とされています（P 83 参照）。助け合い活動にかかる経費すべてをカバーするものではありませんが、逆にこれにより活動全体に「しばり」をかけることのない仕組みになっています。

VI

助け合いによる生活支援と
ネットワーク

1　ネットワークの必要性

　地域で暮らし続けることを支援するには、単独の団体や組織だけでは対応できません。なぜならば、人間の生活課題は複合的に現れるからです。地域にはさまざまな福祉、医療の提供主体があります。しかし、いずれも単独で完結することはできず、連携が必要になります。

　また、助け合いによる生活支援を続けるなかで、仲間うちの結束が強くなる半面、独善的になったり、変化を避ける傾向が出てくることがあります。そうしたとき、ネットワークによって他の団体と交流をもち、抱えている課題やうまくいった取り組みの例などを交換し合うことは、活動を活性化させるうえで役に立ちます。また、自分の団体ではできないとあきらめていたニーズに対して、別の団体の機能を活用することで、うまく解決することもあります。地域で活動している団体は、それぞれの団体の活動に追われていて、意外に他の団体のことを知らなかったり、直接人間関係をもっていなかったりします。こうしたネットワークをつくることは、地域全体で助け合いを広げていくために重要です。また、こうした団体同士のネットワークや連絡会などは、総合事業における協議体の機能と重なるものであり、協議体としての位置づけへ発展することも考えられます。

事例

　　T市では、市内で活動している住民参加型在宅福祉サービス団体や福祉系のNPO、助け合い活動を行うボランティアグループ等による連絡会を設置しています。
　　定期的に情報交換や合同研修会を行い、切磋琢磨で活動の活性化を図っています。また、一つの団体では対応できない場合に連携を図ったり、新たな資源開発に協働で取り組むといった活動も生まれています。

2　地縁型組織とテーマ型組織の連携

　助け合いによる生活支援をすすめる団体には、NPOやボランティアグループ等のテーマ型組織と自治会・町内会、まちづくり協議会、地区社協等の地縁型の組織があります。ただし、実際には地縁型組織そのものが活動を行うというよりは、その中の有志が集まって地縁型組織を基盤とした活動グループをつくって助け合いによる生活支援を行う例が多く見られるなど、地縁型組織とテーマ型組織は完全に色分けできるものではありません。それぞれの特色を踏まえながら、どちらも助け合いによる生活支援を担う重要な組織として連携していくことが重要です。

　両者の特徴は以下のように整理することができます。

1）地縁型は面として支えるが、テーマ型は利用者と担い手を結ぶ線として支える傾向が強い。
2）地縁型は担い手個々に重い負担をかけることが難しい。逆にちょっとしたことであれば、頻度が高くても対応しやすい。
3）移動サービス、食事サービス、ホームヘルプサービスなど高度なシステムを必要とするものは、テーマ型組織のほうが対応しやすい。
4）福祉課題・生活課題について、少数者の課題にはテーマ型組織が力を発揮しやすく、多数の人に共通する課題には、地縁型が力を発揮する。
5）テーマ型は市町村ないしはそれより広域をその活動の範囲とする場合が多いが、地縁型は小学校区ないしは自治会・町内会域をその活動の範囲とする場合が多い。

　地縁型組織は住民全体をメンバーとするので、さまざまな意見があって、特定の問題には取り組みづらかったり、意思決定に時間がかかる傾向があるのに対して、テーマ型組織は、少数者の問題であっても、必要と感じたテーマについて取り組むという特徴があります。そうした相互の活動スタイルの相違などにより、従来、地縁型組織とテーマ型組織は、同じ地域で活動しながらも十分連携が図られていない状況も見られました。

　しかし近年では、テーマ型組織のなかにも、活動をすすめるなかで地縁型組織との連携の必要性を実感する団体が増えています。テーマ型組織が提供するサービス

や支援は、対象者が抱える課題に「点」として対応することはできますが、同時にその人が暮らす地域全体を含めて「面」として支えなければ根本的には解決につながらないことも多いからです。また、支援を必要としている人や新たなニーズの把握についても、日常生活を共にしている地域の住民からの情報が有効な場合が多くあります。一方、地縁型組織にとっても、専門性や行動力を備えたテーマ型組織との連携によって具体的な問題解決に踏み込むことができたり、組織そのものの活性化等の効果も期待できます。今後、両者の連携を推進していくことが助け合いによる生活支援を広げるうえでも重要です。

　生活支援コーディネーターや社会福祉協議会、中間支援組織は、団体同士の交流の場をつくったり、具体的な協働を調整・支援するなど、積極的な役割を果たすことが期待されます。

3　地域の関係機関、企業等との連携

　助け合いをすすめるうえでは、福祉関係者だけではなく、地域の関係機関、企業等との連携も重要です。たとえば見守り活動については、新聞配達やガス・電気・水道の事業者、宅配事業者等と連携し、業務の際に高齢者のお宅などで異変に気づいた場合に関係者や専門機関に連絡する仕組みをつくっている地域が広がっています。

　また、金融機関やコンビニエンスストアなどが高齢者のニーズに応じたサービスを提供してくれることも生活の支援にとって大きな力となります。助け合いによる生活支援をすすめるうえでは、こうした地域のさまざまな資源を発見したり、より使いやすくなるように働きかけるなどして連携していくことが必要になります。

MEMO

VII

助け合いによる生活支援を
はじめよう

1　助け合いによる生活支援の立ち上げの流れ

1　めざす地域のあり方を考える

　助け合いによる生活支援を始めるにあたって、まず原点となるのは、「どのような地域に暮らしたいか」を活動に関わる人たちが中心となり、できる限りさまざまな住民の参加を得ながら話し合い、めざす地域の姿を共有することです。また、大規模災害、孤立死や虐待などの痛ましい事件がきっかけとなって、「二度と繰り返したくない」という思いから住民が活動を始めたという例も見られます。

　話し合いの場づくりは、自治会・町内会や地区社協等の組織の協力を得て行う方法や、まずは有志を募ってスタートさせる方法、地域福祉計画や地域福祉活動計画に位置づけて行う方法などが考えられます。

2　既存の活動等の把握

　地域には、福祉分野に限らずさまざまな助け合い活動の組織、ボランティア、NPO等があります。また、NPOやボランティアグループのような助け合いを目的にした組織がない地域でも、個人的な活動や自然発生的な支え合いなどがあったり、隣接する地域から支援を行っているような場合もあります。たとえば、おかずのおすそ分けをしている人がいる、家でとれた野菜を置いていってくれる人がいる、一人暮らし高齢者のたまり場になっている喫茶店がある、といったことも重要な助け合いの資源です。「ボランティアをやる人がいない」とあきらめるのではなく、こうした地域にある「力」を見つけ生かすことが重要です。

3　地域のニーズや新たに開発が必要な社会資源の把握

　どのような助け合いによる生活支援が必要かを考えるうえで、地域のニーズを知ることは非常に重要です。前頁「 1 めざす地域のあり方を考える」の段階での話し合いのなかでニーズが出てくることもありますし、民生委員・児童委員のように日頃から住民の相談に応じている人からの情報なども貴重です。また、ニーズ把握のための調査を行うことも考えられます。調査に関しては、新たに実施するだけではなく、地域福祉計画や介護保険事業計画などの策定にあたって実施された調査の活用も有効です。

　ただし、単にたりないサービスをつくる、増やすというこれまでの考え方だけでは、ニーズの多様化や拡大、社会的孤立の問題を踏まえると、今後は立ち行きません。

　これまでの発想を転換し、サービスありきではなく、一人ひとりの暮らし方を考えることを通して、地域づくりをすすめていくことが重要になるでしょう。

事例

　O市内のH地区では、住民同士でちょっとした手伝いをする活動をはじめようと、地区社協が中心となって住民にアンケート調査を行いました。

　アンケートでは、「普段の生活で困っていること」「手伝ってもらいたいこと」として、掃除やごみ出し、外出の付き添い、庭の草取り、話し相手などのさまざまな項目を挙げ、選択してもらうようにしました。同時に、自分が手伝えそうなことやできる曜日、時間帯などについてもアンケートに回答してもらったところ、予想以上に多くの人から「手伝いができる」との回答が寄せられ、今後の活動に向けて参加者を広げることができました。

4　中核的なメンバーの発掘、育成

　助け合いによる生活支援の立ち上げには、必ず中核となるメンバーがいます。自治会・町内会で長くいっしょに活動してきた仲間であったり、PTAのつながりのメンバー、また、ボランティア養成講座等で知り合った人同士が活動を始める例もあ

ります。

　一人では、活動を始めるにも運営するにも無理がありますので、社協や中間支援組織を通して仲間を探したり、説明会を行って関心がある人を発掘するなどして中核となるメンバーを集めましょう。

コラム　　　　　　　　　　　　　　　　　　　　　　　**仲間集めの工夫**

●リーダーの友人・知人からの口コミ

　リーダー自らが思いを話し、協力を求めます。活動の担い手として積極的に関わってくれる人を集めるには、趣旨に賛同してくれた人からの口コミがとても有効です。

●ホームページを通じての募集

　昨今は、インターネットで検索して情報にアクセスするという人が非常に増えています。ホームページを作成し、団体の理念や活動概要、募集している人の条件などを発信することは効果的な方法の一つです。

●中間支援組織への情報提供

　ボランティア・市民活動センターやNPO支援センター、社協等に団体の活動情報を提供し、それぞれの窓口での相談の際に、紹介先の一つとして把握してもらえるように情報提供を行っておきます。団体のチラシなどを作成して公共施設等においてもらう方法も考えられます。

●自治体や社協の広報紙に掲載を依頼

　自治体や社協の広報紙は、新聞折り込みされていたり自治会を通じて全戸配布される場合もあり、広く住民に団体の活動を知らせる媒体です。自治体の広報課や社協の広報紙担当に相談し、掲載協力を仰ぎます。

5　組織の仕組みとルールづくり

　活動を始めるにあたっては、具体的な活動内容とその実施方法、役割分担、活動にあたっての基本となる考え方や最低限のルールを決めておくことが必要になります。

　初めて活動に取り組む場合には、周辺の地域で同じような活動をしている団体に連絡し、方法を学ぶことが重要です。また、実際に活動を始めると想定外のことも起きてきます。助け合いによる生活支援は、住民の自主的な意思によって行われるもので、公的なサービスのように基準やルールが外からはめられるものではありま

せん。だからこそ、立ち上げ当初の思いを原点に、活動を継続していくために、活動の目標や大切にしたい考え方については、十分話し合って共有することが必要です。

　具体的な内容や実施方法については、やろうとする活動・サービスの種類によって異なりますので、詳しくはそれぞれのマニュアルを参照してください。

6　事業計画や財政計画の作成

　活動を実施する際には、事業計画とそれに必要な財源確保のための財政計画をもつ必要があります。必ずしも形式を整える必要はありませんし、難しく考えすぎることはありませんが、活動に必要な財源を得たり、行政や関係機関の協力、連携をしていくためにも事業計画や財政計画を文書化しておくことが必要です。

コラム
事業計画に盛り込む主な内容

※下記のすべてが必要というわけではなく、活動の規模や内容によって、必要な項目を盛り込みます。

①理念

　団体の理念は、活動をすすめる際のよりどころとなるものです。何のために、どのような姿をめざして、どのような活動をするのかをわかりやすく表現します。

②計画期間と目標

　単年度の事業計画とともに、当面、いつまでにどのような状態をめざすのか、中期的な目標も考えておきます。

③活動内容と提供の仕組み

　どのような活動、サービスを、誰が担い手となって実施するのか、どのような仕組みで行うのかについて盛り込みます。

④組織と事務局の体制

　活動を提供するための組織体制、事務局について事業計画に位置づけます。

⑤担い手（協力者）の確保

　担い手の募集や研修の実施について計画します。

⑥収支の見通し

さまざまな資金調達の選択肢

①出資金

　入会金や会費とは別に、立ち上げのメンバーや会員の立ち上げに必要な資金を出し合う方法です。寄付ではなく、団体が個人から預かる（借り受ける）資金ですので、出資者が退会する時には返却する必要があります。

②入会金

　入会に伴う事務費用や団体の運営費用に活用することを目的に入会時に徴収するお金です。

③会費

　会を支えるための年会費等です。会員同士の助け合いの趣旨に基づき、利用者、協力者双方からいただいている団体もあります。

④寄付

　賛助会費のような形で、一口○○円として定期的に募集し受け付けるもの、単発で受けるものなどがあります。

⑤現物支援

　特に立ち上げの際には、必要な机や家具、事務用品などを現物で確保することも選択肢です。

⑥イベント収入

　バザーやフリーマーケット、セミナーなどを開催し、そこで収益を確保して費用にあてることもあります。

⑦利用料

　たとえば「ふれあい・いきいきサロン」で利用者からお茶代として1回100円いただく、家事援助の利用料として1回700円いただくといった形で利用料の収入を得ます。

7　リスクマネジメント、保険の利用

　助け合いによる生活支援を無理なく、楽しく続けるためにも、活動中の事故やトラブルを防止するとともに、万一の場合を想定して保険に加入することが必要です。

　活動の際のルールを決めて研修を行う、利用者の状況を的確に把握して助け合いに関わる人に共有するなどして事故やトラブルを防止する、また、起きてしまった事故・トラブルやヒヤリハット体験を分析して次の対応に生かすといった取り組みは助け合いにおいても重要になるでしょう。

　保険については、大きく分けて活動の担い手自身のけが等に対応する傷害保険と

利用者のけが等に対応する賠償保険があります。また、会食会やイベント等人が集まる場合にはボランティア行事用保険が利用できます（表3）。

表3 ● 全社協「ふくしの保険制度」

サービス	全社協保険制度	活動者のけが	利用者のけが（賠償責任のない）	賠償責任	保険料根拠
住民参加型（助け合い有償）	福祉サービス総合補償	○	△（対人見舞費用として）	○	のべ活動従事者数
サロン活動（主体が社協）	ふれあいサロン・社協行事傷害補償	○	○	別途社協の保険への加入が必要	のべ参加予定者数
サロン活動（主体が社協以外）	ボランティア行事用保険（※）	○	○	○	主催者を含むサロン参加者数
移動・外出支援（移動サービス）	送迎サービス補償（利用者特定方式）	―	○	○	のべ利用者数
移動・外出支援（移動サービス）	送迎サービス補償（自動車特定方式）	○	○	―	自動車の法定乗車定員
宅老所(通い、泊まり、居住、手伝いなど)	福祉サービス総合補償	○	△（対人見舞費用として）	○	のべ活動従事者数
食事サービス	福祉サービス総合補償	○	△（対人見舞費用として）	○	のべ活動従事者数
生活支援サービスにおいて、無償で活動するボランティアについて	ボランティア活動保険	○	―	○	ボランティア1名につき
生活支援サービスにおいて、ボランティア行事・イベント開催	ボランティア行事用保険（※）	○	○	○	主催者を含む行事参加者数

（※）ボランティア行事用保険では対象となる行事・ならない行事があるので、確認が必要。

MEMO

助け合いによる生活支援の推進
と総合事業の活用

1　総合事業を地域づくりに役立てるために

　平成27（2015）年度介護保険制度改正により、介護予防給付の訪問介護及び通所介護が市町村の介護予防・日常生活支援総合事業（総合事業）に移行することとなり、住民主体の生活支援サービスをはじめとする多様な生活支援サービスを拡充していくこととなりました。

　総合事業では、地域の支え合いの体制づくりや高齢者自身の社会参加、共生型サービスの推進などを理念として掲げ、助け合い活動団体に対しても活動基盤助成が行えるなど、地域づくりにさまざまな活用が期待できる内容となっています。

　また、実施主体である市町村がそれぞれの地域の特性に応じて検討していくことが重要です。一方で、細かな基準や規制、実績などが求められるようになることで、かえってこれまでの活動がやりづらくなってしまったり、サービスの受け皿を性急につくることにまい進するあまり、住民主体のサービスとはかけ離れていってしまい、かえって助け合いのエネルギーを削ぐ結果にもなりかねません。

　助け合いによる生活支援をすすめる立場からは、総合事業が真に地域づくりに役立つものになるよう、積極的に意見を反映させるなど、行政と共につくっていくことが求められるでしょう。

2　総合事業の基本的考え方

「介護予防・日常生活支援総合事業ガイドライン」（老発 0627 第 7 号　令和 4 年 6 月 27 日　各都道府県知事宛　厚生労働省老健局長通知）では、総合事業の目的や基本的な考え方を以下のように整理しています。

◆介護予防・日常生活支援総合事業（総合事業）の趣旨
　総合事業は、市町村が中心となって、地域の実情に応じて、住民等の多様な主体が参画し、多様なサービスを充実することで、地域の支え合い体制づくりを推進し、要支援者等に対する効果的かつ効率的な支援等を可能とすることを目指すもの。

◆背景・基本的考え方
イ　多様な生活支援の充実
　　住民主体の多様なサービスを支援の対象とするとともに、ＮＰＯ、ボランティア等によるサービスの開発をすすめる。併せて、サービスにアクセスしやすい環境の整備も進めていく。
ロ　高齢者の社会参加と地域における支え合いの体制づくり
　　高齢者の社会参加のニーズは高く、高齢者の地域の社会的な活動への参加は、活動を行う高齢者自身の生きがいや介護予防等ともなるため、積極的な取組を推進する。
ハ　介護予防の推進
　　生活環境の調整や居場所と出番づくりなど環境へのアプローチも含めたバランスのとれたアプローチが重要。そのため、リハビリ専門職等を生かした自立支援に資する取り組みを推進する。
ニ　市町村、地域包括支援センター、住民、事業者等の関係者間における意識の共有（規範的統合）と自立支援に向けたサービス・支援等の展開
　　地域の関係者間で、自立支援や介護予防といった理念や、高齢者自らが健康保持増進や介護予防に取り組むといった基本的な考え方、地域づくりの方向性等を共有するとともに、多職種による介護予防ケアマネジメント支援を行う。
ホ　認知症施策の推進
　　ボランティア活動に参加する高齢者等に研修を実施するなど、認知症の人に対し

て適切な支援が行われるようにするとともに、認知症サポーターの養成等により、認知症にやさしいまちづくりに積極的に取り組む。

　ヘ　共生社会の推進

　　　地域のニーズが要支援者等だけではなく、また、多様な人との関わりが高齢者の支援にも有効で、豊かな地域づくりにつながっていくため、要支援者等以外の障害者、児童等も含めた、対象を限定しない豊かな地域づくりを心がけることが重要。

❧ Point ❧

【生活支援サービスの開発】

　総合事業の基本的考え方では、住民主体の多様なサービスを総合事業による支援の対象とすると同時に、NPO やボランティア等によるサービスの開発をすすめることとされています。住民主体の助け合いによる生活支援は、すべての地域で十分に育っているわけではありません。また、住民の自発性、主体性に基づくものであるがゆえに、一挙に取り組みが広がることも難しいという特徴があります。だからこそ、サービスの開発が重要であり、そのための仕組みとして新たな地域支援事業には、協議体の設置や生活支援コーディネーターの配置が盛り込まれました。この仕組みが有効に機能するかどうかが重要な鍵を握っているといえます。

【高齢者の参加】

　現在行われている助け合いによる生活支援を見ると、その担い手の多くは高齢者です。70 歳代、80 歳代の担い手も珍しくなく、活動に参加することで生活のハリが生まれ、生きがいや役割を実感できます。助ける人、助けられる人が固定的でなく、対等な立場で関わり合うことは、住民主体の助け合いによる生活支援ならではの特徴です。

【共生型サービスの拡大】

　助け合いによる生活支援では、多くの場合対象を限定していません。制度に合わせてニーズを縦割りにすることなく、総合的に対応する住民主体の活動の良さを削がないよう、生かしていくことが重要です。1 つの活動に、高齢者だけでなく、障害者や子どもなど多様な人が関わることで、高齢者に役割が生まれることも期待されます。ガイドラインにおいても、共生型のサービスを積極的に位置づけ、高齢者以外が参加・利用している場合にも総合事業の対象とするとしています。

＜ガイドラインにおける記載＞

　共生社会の観点から、要支援者、チェックリスト該当者、継続利用要介護者以外の高齢者、障害者、児童等を対象に含めた住民主体による支援を実施する場合、支援の対象の半数以上が要支援者、チェックリスト該当者、継続利用要介護者であれば、運営費全体を補助することが可能である。また、半数を下回る場合は、利用者数で按分する等、合理的な方法で総合事業の対象を確定することで、その範囲において、運営費補助の対象となる。

3　サービスの類型

　総合事業では、市町村がサービスを類型化し、それに合わせた基準や単価などを定めますが、その参考として多様化するサービスの典型例が示されています。（図10、表4、表5、表6）

§ Point §

【専門的な支援を提供する現行相当のサービス】

　現行相当のサービスについては、事業者指定方式により、予防給付の基準を基本として訪問介護員等の専門職が提供することが想定されており、たとえば認知症により日常生活に支障がある場合、退院直後等で専門職が関わって状態の変化を見守

図10 ● 介護予防・日常生活支援総合事業（総合事業）の構成　　　（出典）厚生労働省

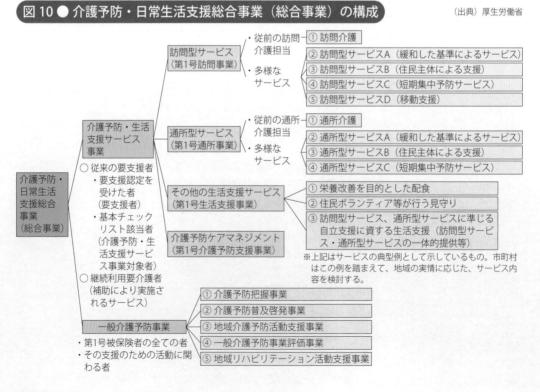

表 4 ● 訪問型サービス

(出典) 厚生労働省

※市町村はこの例を踏まえて、地域の実情に応じた、サービス内容を検討する。

○ 訪問型サービスは、従前の訪問介護に相当するものと、それ以外の多様なサービスからなる。
○ 多様なサービスについては、雇用労働者が行う緩和した基準によるサービスと、住民主体による支援、保健・医療の専門職が短期集中で行うサービス、移動支援を想定。

基準	従前の訪問介護相当	多様なサービス			
サービス種別	① 訪問介護	② 訪問型サービス A（緩和した基準によるサービス）	③ 訪問型サービス B（住民主体による支援）	④ 訪問型サービス C（短期集中予防サービス）	⑤ 訪問型サービス D（移動支援）
サービス内容	訪問介護員による身体介護、生活援助	生活援助等	住民主体の自主活動として行う生活援助等	保健師等による居宅での相談指導等	移送前後の生活支援
対象者とサービス提供の考え方	○ 既にサービスを利用しているケースで、サービスの利用の継続が必要なケース ○ 以下のような訪問介護員によるサービスが必要なケース（例） ・認知機能の低下により日常生活に支障がある症状・行動を伴う者 ・退院直後で状態が変化しやすく、専門的サービスが特に必要な者　等 ※状態等を踏まえながら、多様なサービスの利用を促進していくことが重要		○ 状態等を踏まえながら、住民主体による支援等「多様なサービス」の利用を促進	・体力の改善に向けた支援が必要なケース ・ADL・IADLの改善に向けた支援が必要なケース ※ 3～6ケ月の短期間で行う	訪問型サービス B に準じる
実施方法	事業者指定	事業者指定/委託	補助（助成）	直接実施/委託	
基準	予防給付の基準を基本	人員等を緩和した基準	個人情報の保護等の最低限の基準	内容に応じた独自の基準	
サービス提供者（例）	訪問介護員（訪問介護事業者）	主に雇用労働者	ボランティア主体	保健・医療の専門職（市町村）	

る必要がある場合、ごみ屋敷等、生活管理に関する支援が必要な場合などが例示されています。適切なタイミングで専門的支援が提供されなかったために、要介護状態が悪化するようなことがあってはなりません。例示を参考にしつつも、一人ひと

表5 ● 通所型サービス　　　　　　　　　　　　　　　　　　　（出典）厚生労働省

※市町村はこの例を踏まえて、地域の実情に応じた、サービス内容を検討する。

○ 通所型サービスは、従前の通所介護に相当するものと、それ以外の多様なサービスからなる。
○ 多様なサービスについては、雇用労働者が行う緩和した基準によるサービスと、住民主体による支援、保健・医療の専門職により短期集中で行うサービスを想定。

基準	従前の通所介護相当	多様なサービス		
サービス種別	① 通所介護	② 通所型サービスA（緩和した基準によるサービス）	③ 通所型サービスB（住民主体による支援）	④ 通所型サービスC（短期集中予防サービス）
サービス内容	通所介護と同様のサービス 生活機能の向上のための機能訓練	ミニデイサービス 運動・レクリエーション　等	体操、運動等の活動など、自主的な通いの場	生活機能を改善するための運動器の機能向上や栄養改善等のプログラム
対象者とサービス提供の考え方	○ 既にサービスを利用しており、サービスの利用の継続が必要なケース ○「多様なサービス」の利用が難しいケース ○ 集中的に生活機能の向上のトレーニングを行うことで改善・維持が見込まれるケース ※状態等を踏まえながら、多様なサービスの利用を促進していくことが重要。	○ 状態等を踏まえながら、住民主体による支援等「多様なサービス」の利用を促進		・ADL や IADL の改善に向けた支援が必要なケース　等 ※ 3〜6 ケ月の短期間で実施
実施方法	事業者指定	事業者指定/委託	補助（助成）	直接実施/委託
基準	予防給付の基準を基本	人員等を緩和した基準	個人情報の保護等の最低限の基準	内容に応じた独自の基準
サービス提供者（例）	通所介護事業者の従事者	主に雇用労働者＋ボランティア	ボランティア主体	保健・医療の専門職（市町村）

表6 ● その他の生活支援サービス　　　　　　　　　　　　　（出典）厚生労働省

○ その他の生活支援サービスは、① 栄養改善を目的とした配食や、② 住民ボランティア等が行う見守り、③ 訪問型サービス、通所型サービスに準じる自立支援に資する生活支援（訪問型サービス・通所型サービスの一体的提供等）からなる。

りのニーズを見極め、必要な支援がきちんと届けられるよう、専門的サービスを確保することが大変重要です。

【住民主体等による多様なサービス】

　ガイドラインでは、多様なサービスの例として、訪問型、通所型ともに、緩和し

た基準により主として雇用労働者が担い手となって提供するサービス A と住民主体によるサービス B が示されています。

　ただし、サービス A は従来の事業者指定方式と同じく、提供したサービスに応じて費用が支給されるのに対して、サービス B では活動団体に対して、立ち上げ経費や活動経費を補助（助成）することが想定されており、実施方法に大きな違いがあります。サービス B は個別のサービスに対する給付ではなく、共通経費への補助（助成）となっており、活動場所の確保やコーディネーターの人件費等の基盤整備に活用することができます。サービス内容や対象者についての制約は緩やかで、支給限度額管理の対象にもなりませんので、地域の実情や利用者のニーズに応じて柔軟に実施すること等が可能と考えられます。

【サービス B への補助・助成】

　サービス B およびその他の生活支援サービス（P 82、表 6）に対する補助（助成）の対象や額等については、市町村がその裁量によって決めることができます。

　ガイドラインでは、対象経費について以下のように例示しています。

> ・立ち上げ支援
> ・活動場所の借り上げ費用
> ・間接経費（光熱水費、サービスの利用調整等を行う人件費等）
> ・ボランティア活動に対する奨励金（謝礼金）　等

　なお、対象となる団体は、法人格がなくても可能です。また、有料・有償のサービスだけではなく、無償の活動についても支援の対象となります。

　補助の条件については、従事者の清潔の保持・健康状態の管理、従事者または従事者であった者の秘密保持、事故発生時の対応、廃止・休止の届け出と便宜の提供が運営に関する基準として示されているほか、適切にサービスが実施されたかについて、実績の報告を求めることとなっています。あまり詳細な基準を設けることは住民の自発性や主体性を削いだり、柔軟な運営を妨げることになりかねないため、実態に即した検討が重要です。

　助け合い活動には、要支援者以外の高齢者や障害者、子ども等が利用者の一部に含まれている場合もありますが、要支援者等の利用に注目して、間接経費を補助することは可能です。

【移行に際しての課題】

　サービス A は現行の個別給付方式を引き継ぐため、利用料がサービス B に比べて

低額に抑えられると予測されますが、利用者負担の面からサービス A への選択が集中しすぎると、住民主体のサービスの拡充にブレーキがかかることが懸念されます。また、サービス A は基準緩和と同時に単価は従来の介護予防よりも低くなる見込みですが、これによって訪問介護全体への評価や処遇の低下を招かないようにしなければなりません。

　利用者の多様な選択肢を確保しつつ、できるだけ住民主体のサービスを拡充し、地域づくりをすすめていくためには、自治体をはじめ、助け合い活動団体や民間事業者等の幅広い関係者が、めざす地域支援事業のあり方について協議し、住民主体のサービスの位置づけや意義を十分共有したうえで、多様なサービスの拡充を推進する制度づくりをしていく必要があります。

　なお、ガイドラインでは、「現行の介護予防訪問介護相当のサービスを利用する場合や訪問型サービス A を利用する場合については、一定期間後のモニタリングに基づき、可能な限り住民主体の支援に移行していくことを検討することが重要である」（通所型についても同様）としています。介護保険の財源の限界から、費用を低く抑えるために住民の活動に移行させるという理解が一部にありますが、高齢者のニーズをしっかりと見極めて、ニーズを起点として必要なサービスや支援を組み合わせていくという観点が重要です。

4　一般介護予防事業

　総合事業における一般介護予防事業は、第1号被保険者の全ての者を対象とするもので、市町村の独自財源で行う事業や地域の互助、民間サービスとの役割分担を踏まえつつ、高齢者を年齢や心身の状況等によって分け隔てることなく、住民主体の通いの場を充実させ、人と人のつながりを通じて、参加者や通いの場が継続的に拡大していくような地域づくりを推進すること、そして、地域においてリハビリテーションに関する専門的知見を有する者を活かした自立支援に資する取り組みを推進し、要介護状態になっても、生きがい・役割をもって生活できる地域を構築することにより、介護予防を推進することが目的です（表7）。

❧ Point ❧

　一般介護予防事業の一つとして位置づけられた「地域介護予防活動支援事業」では、地域における住民主体の介護予防活動の育成・支援を行うとされており、この仕組みの活用が重要です。特に、気軽に集まれる居場所（通いの場、ふれあい・いきいきサロン、コミュニティカフェなど）を身近な地域に数多くつくっていくこと

表7 ● 一般介護予防事業

事業	内容
介護予防把握事業	地域の実情に応じて収集した情報等の活用により、閉じこもり等の何らかの支援を要する者を把握し、介護予防活動へつなげる
介護予防普及啓発事業	介護予防活動の普及・啓発を行う
地域介護予防活動支援事業	地域における住民主体の介護予防活動の育成・支援を行う
一般介護予防事業評価事業	介護保険事業計画に定める目標値の達成状況等の検証を行い、一般介護予防事業の事業評価を行う
地域リハビリテーション活動支援事業	地域における介護予防の取組を機能強化するために、通所、訪問、地域ケア会議、サービス担当者会議、住民運営の通いの場等へのリハビリテーション専門職等の関与を促進する

が期待されます。また、これらのなかには、対象を高齢者だけに限定せず、子ども
や障害者、若者など多様な人が出入りできるタイプの居場所も重要です。

　介護予防普及啓発事業では、「介護予防に関するボランティア等の人材を育成す
るための研修」の実施などが想定されており、担い手の発掘や養成に活用すること
が期待できます。具体的な事業の枠組みの検討にあたっては、活動団体等からも意
見を聞き、実情に合った内容としていく必要があります。

5　サービスの流れ

　介護予防・生活支援サービスの利用の流れは図11のように想定されています。従前の予防給付では、要介護認定によって要支援状態と認定されることが必要でしたが、総合事業では、より簡便な基本チェックリストに該当すればサービス事業を利用することができます。

❧ **Point** ❧

【潜在化しているニーズへのアウトリーチ】

　総合事業の実施にあたっては、自ら相談には訪れない人、すでに住民の助け合いのなかで支援している人などもあり、市町村の窓口に到達するまでの支援にも注目が必要です。地域のニーズを掘り起こすため、たとえば地域包括支援センターがふ

図11 ● サービスの利用の流れ

(出典) 厚生労働省

周知

○ 総合事業の目的、内容、サービスメニュー、手続方法等について十分に周知。その際、パンフレット等の使用などにより、被保険者やその家族などにわかりやすく説明。

① 相談

○ 被保険者からの相談を受け、窓口担当者より総合事業等を説明（サービス事業は、目的や内容、手続き等を十分説明）。その際、① 事業のみ利用する場合は、基本チェックリストで迅速なサービス利用が可能であること、② 事業対象者となった後も要介護認定等の申請が可能であることを説明。
※予防給付（訪問看護や福祉用具貸与等）を希望している場合等は、要介護認定等の申請につなぐ。
※第2号被保険者は、要介護認定等申請を行う。

② 基本チェックリストの活用・実施

○ 窓口で相談をした被保険者に対して、基本チェックリストを活用・実施し、利用すべきサービスの区分（一般介護予防事業、サービス事業及び給付）の振り分けを実施。

③ 介護予防ケアマネジメントの実施・サービスの利用開始

○ 利用者に対して、介護予防・生活支援を目的に、その心身の状況等に応じて、その選択に基づき、適切な事業が包括的かつ効率的に提供されるよう、専門的視点から必要な援助を行う。
○ 利用者が居住する地域包括支援センターが実施するが、居宅介護支援事業所への委託も可能。
○ 介護予防ケアマネジメントは、利用者の状態像・意向等を踏まえ、3パターンに分けて行う。
　① 原則的な介護予防ケアマネジメント
　② 簡略化した介護予防ケアマネジメント（サービス担当者会議やモニタリングを適宜省略）
　③ 初回のみの介護予防ケアマネジメント（アセスメントを行い、サービスの利用につなげるところまで）

れあい・いきいきサロンに出張して相談を行うなど、助け合いによる生活支援のほうへアウトリーチしていくことも重要でしょう。

　また、相談に出向いたり手続きを行うハードルをできるだけ下げるため、まずは住民主体の活動に参加したり試行的に利用することも考えられます。支援を必要としている高齢者の中には、自らのニーズを認識していなかったり、支援者の関わりに抵抗感を示す場合も見られます。具体的な支援や関わりを通して信頼関係をつくったうえで、あらためて基本チェックリストやケアマネジメントにつなげる流れも意識すべきです。

【ケアマネジャーの役割、留意すべきこと】

　介護予防ケアマネジメントにおいて、ケアプランに住民の助け合いによる生活支援をどのように書き込むか、評価をどのように行うのか、利用者の体調など状況が変化した場合の対応など、具体的な流れや役割分担について整理すべき課題も多くあります。今後、各自治体において協議体等の場も活用して事例に即して検討し、ルール化を図っていくことが求められます。

　その際、ケアマネジャーは、住民主体の活動の特徴、強みや弱みを十分理解したうえでケアマネジメントを行うことが重要です。住民主体の活動は、詳細な実施方法・内容、厳密な実績管理や即効性等を求められることになじみにくい側面があります。ケアマネジャーが指導的な姿勢で住民の活動を「活用」しようとして住民の意欲を削ぐことは避けなければなりません。ケアマネジャーは、生活支援コーディネーターと連携し、専門職と住民がより良い協働関係を築けるよう、橋渡し役としての役割を果たすことが期待されています。

おわりに

　新地域支援構想会議では、平成27年度介護保険制度改正を一つの契機として助け合いによる生活支援のあり方について議論をすすめてきましたが、助け合いの必要性は、高齢者福祉の分野に限らず、今後、ますます深刻な少子高齢化や過疎化がすすむ各地で、地域づくりをすすめるうえで不可欠で、普遍的なものだと考えられます。助け合いによる生活支援は、社会保障の財政が厳しいから必要なのではなく、地域をより良いものにし、一人ひとりの人生を豊かにしていくためのものなのです。

　本書では、こうした基本的な考え方に立って、できる限り多くの方々に助け合いに関わってほしいという願いをもって作成されました。そのため、総合事業や生活支援コーディネーター、協議体等の仕組みについても、助け合いを広げるうえで、どのように効果的に活用するかという観点から触れています。詳しい制度解説については、必要に応じて厚生労働省が示している各種資料等を参照していただければと思います。また、総合事業については、自治体による地域の実情に応じた多様な展開が期待されています。そのため、介護保険事業計画をはじめ、各自治体の情報を集め、疑問点や意見については、住民や助け合い活動団体の立場から積極的に発信することも大切になります。

　助け合いによる生活支援の主役は、地域に暮らす私たち自身です。総合事業においても、真の意味で「住民主体」を実現していくためには、私たち自身の関わりが鍵を握ります。本書が、多くの方々にとって、「私たちの問題」として地域づくりに参加するきっかけになれば幸いです。

MEMO

資　料

新地域支援構想

平成 26 年 6 月 20 日
新地域支援構想会議

≪用語の使用について≫

本稿においては、以下の主旨にて用語を使用しています。

※「要支援認定者」「要介護認定者」…介護保険サービスの利用にあたって、「要支援」「要介護」と認定された者。

※「要援助者」…支援を要する人。近隣の助け合いから公私サービスまで、自立した生活を営むために援助を必要とする者。

1　本構想の趣旨

○平成 27 年度より介護保険制度が大きく変わることが予定されています。私たちは、新たな地域支援事業創設にあたり、生活支援サービス・活動を担う助け合い活動を全国に拡げるための検討をすすめてきました。とくに、要支援認定者に対するサービスが大きく変化し、予防給付訪問介護・通所介護が地域支援事業に移行することに注目し、新たな地域支援事業のあり方と助け合い活動との関係について、検討してきました。

○その考え方は、すでに、本年 2 月に「新たな地域支援事業に対する基本的な考え方」により表明したところですが、今回、具体的な展開方法についての提案を「新地域支援構想」としてまとめました。

○本構想を読んでいただきたいのは、すべての担い手であり、すべての推進者であり、これから担い手にも推進者にも成り得るであろうすべての人びとです。その中でも、厚生労働省、そして当該地域において、広く人びとや関係者の参加を得て地域支援事業をすすめる立場の各自治体には、ぜひ、立案の参考にし

ていただきたいと考えます。また、それに主体的にかかわる助け合い活動組織は、いかに協働のネットワークをつくるか、という観点から、本構想を生かしていただきたいと考えます。

【高齢者の抱える課題の認識】

○介護保険制度は、高齢者の要介護状態に視点を置いてつくられている制度であり、高齢者の尊厳の尊重と自立支援を基本理念としています。しかし、高齢者の持つ福祉課題・生活課題を考えたとき「介護」「介護予防」といった制度の枠組みの中だけで考えるのではなく、それ以前に、人間関係の希薄化、社会的孤立からくる様々な課題に着目する必要があるのではないでしょうか。今回の制度変更により、移行の対象となる「要支援認定者」も同様の課題を抱えています。

○私たちは、長年、これらの課題が制度で対応しにくいものであるという認識のもと、自発的に、その課題の解決に取り組み、上記のような認識のもと、助け合い・支え合いの理念に基づく支援の仕組みをつくりあげてきました。本構想ではこの仕組みを「助け合い活動」と呼んでいますが、私たちは、この助け合い活動について、活動を通して孤立している人びととつながり、その人と地域社会とのつながりを回復するという、住民・市民自身の活動であるからこそ可能な、また固有の働きを持っていると考えています。

【目指す地域支援事業の方向】

○今回の地域支援事業の改編は、介護サービスによる高齢者の自立支援の取り組みや家事援助にとどまらず、高齢者と地域社会との関係の回復・維持の働きかけの仕組みをいかに位置づけるかがポイントであると考えています。

○新たな地域支援事業は、介護保険財政が厳しいから住民・市民の活動に託すのではなく、地域社会とのつながりを回復するために住民・市民に託すのだととらえるべきです。

○その際、高齢者自身の意識変革も求められます。自らの生活を豊かに、自分らしく送るために、地域のつながりを持ち、可能な範囲で助け合い活動にも参画していくことが必要であり、そのことがいきいきとした生活にもつながります。

○本構想会議では、このような考え方に立ち、新しい地域支援事業については、高齢者の自立支援に向けたサービス、生活支援サービスに合わせ、高齢者と地

域社会との関係の回復・維持に向けた取り組みを含み組み立てるべきと考えます。今回、地域支援事業に移行する介護予防訪問介護・通所介護については、専門職が対応すべきもの（専門的サービス）を明確にした上で（98ページ参照）、助け合い活動に移行すべきと考えています。

【地域支援事業の広がり】

○助け合い活動は、その活動の担い手のみで成り立っているのではなく、その背景に、地域社会のあり方に深く関心を持つ多くの住民・市民による地域のつながりづくり、地域づくりの取り組みがあることが必要であり、その活動を広げていくことが不可欠です。

○この取り組みを要支援等の高齢者のみに限定することは現実的・効果的ではなく、子ども、障害者も含め、福祉制度の分野にかかわらず、支援を必要とする全ての住民・市民、要介護高齢者、広く支援を要する高齢者についても、対応していくことが必要です。

○新しい地域支援事業は、すべての人びとの参加を前提に、多様な担い手、自治体、そして高齢者等要援助者自身も含め、幅広い関係者が変革の取り組みに意欲的に参加し、連携するネットワークづくりをすすめることが必要です。かつ、そのネットワークは、各市町村や生活圏域等で重層的に確立することが不可欠です。本構想会議は、ネットワークづくりを全国段階においても推進する役割を担っていくという決意のもと、この「新地域支援構想」をまとめるものです。

2　私たちが描く新しい地域支援事業の姿 （基本枠組みに関する提案）

＊広く関係者で共有するために＊

1）助け合い活動を中心とした地域支援事業の展開

○助け合い活動について、私たちは次のように整理しています。

助け合い活動とは？

地域社会の助け合い・支え合いの理念に基づき、その当事者である高齢者等を含め、住民・市民が参加し担う、生活支援を行うサービス・活動。

　　生活支援の具体的内容は、ホームヘルプサービス、食事サービス、移動サービス、外出支援、買い物支援、通いの場・交流の場（サロン、居場所、コミュニティカフェ等）、見守り・支援活動、安否確認などがあげられる。これらはいずれも、社会関係づくりの機能を合わせ持っている。

　　また、無償、有償・有料、地域通貨、ポイント制など形態は様々であるが、雇用契約に基づく指揮命令によって運用するもの※ではない、助け合い・支え合いのシステムである。

※　雇用契約に基づき、指揮命令をもって運用するものを、助け合い活動と区別するため、ここでは「雇用型サービス」と呼ぶ。

【担い手】

○助け合い活動の担い手は多様で、NPO 法人、社会福祉法人、社会福祉協議会、協同組合（生協、農協等）等非営利法人、ボランティアグループ、自治会・町内会やコミュニティ組織等の福祉部、地区社協等住民福祉活動組織、老人クラブ、女性会、商店会等地縁型組織、学校などがあげられます。これらは担い手

図1 ● 助け合い活動の種類

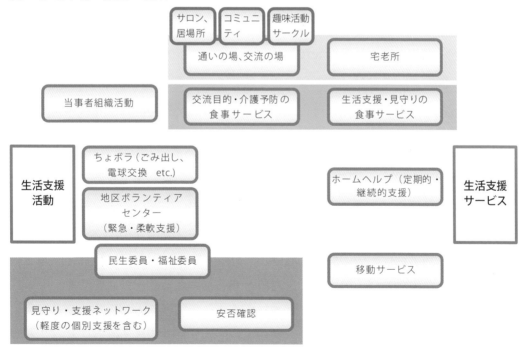

※サービスと活動は明確に分かれるわけではないが、システム化されたものはサービスという名称がよりふさわしいし、そうでないものは活動という名称がよりふさわしいという考え方から、図の右側に「生活支援サービス」、図の左側に「生活支援活動」とした。

であると同時に推進者でもあります。

○助け合い活動は、大きく二つに分けて考えることができます。

　1）NPO 法人、ボランティアグループ等のテーマ型組織

　2）自治会・町内会、まちづくり協議会、地区社協、老人クラブ等の地縁型組織

○本構想会議においては、地縁型組織もテーマ型組織も助け合い活動を担う重要な組織として、区別することなく支援する必要があり、また互いに協働するべきものととらえていますが、同時に、その特性を踏まえながら、異なる支援方法や協働の方法を考えていく必要があるとも考えています（詳細は 107 ページ）。

○助け合い活動が人びとの交流であり、お互いに影響しあうものであるという観点で考えれば、そこにかかわる人びとは担い手でもあり、同時に受け手でもあります。助け合い活動は、担い手でもあり、受け手でもある住民・市民が主体的に参加し担っていくという立場に基づいた活動と言えます。

【助け合い活動の対象】

○高齢者の持つ福祉課題・生活課題は、社会的孤立とかかわりが深く、高齢者に限らず、すべての人びとに起こりうるもので、共通した要因であることが多いといえます。

○したがって、高齢者のみを対象とした事業展開をはかるのは現実的、効果的でなく、分野を超えた事業展開ができる仕組みにすることが望まれます。

○なお、高齢者についても、要支援認定者のみならず支援を要する高齢者すべてを利用対象と考える必要があります。

○前項で述べた、担い手、受け手の関係を踏まえれば、高齢者、障害者、児童という分野にこだわらず、さまざまな生活課題を持つすべての住民・市民が参加するのが助け合い活動であるととらえ、対象を受け手という観点からのみ位置づけないことが必要です。したがって、助け合い活動の持つ、交流、社会参加促進、生活の活性化等の機能に着目し、高齢、障害、児童という福祉課題を抱える人を含めたすべての人びとを対象とすると考えることが必要です。

○さらに、将来の問題としては、地域支援事業を高齢者のみならず、障害者、児童の財源を出し合う仕組みにし、地域福祉として推進できるようにすることが必要だと考えます。

【広義の助け合い活動】

○さらに、非営利法人による公益活動も「助け合い」の理念を基盤としており、近年の営利法人による社会貢献、あるいはCSR（corporate social responsibility）という観点からの取り組みも、助け合い・支え合いを基盤とするものと言うことができます。これを広義の助け合い活動ととらえ、地域において連携・協働して、高齢者等を支えていく仕組みをつくっていくことが求められます（詳細は110ページ）。

【地域づくりとのかかわり】

○制度で対応できない福祉課題・生活課題に対して、自らその解決に挑戦してきたのが助け合い活動の歴史ですが、家族や地域社会の機能が予想以上に大きく変化していく状況においては、地域づくりの視点にたち、地域の福祉課題・生活課題を自らの問題として住民・市民が認識し、共有し、活動につなげていく、という地域福祉の考え方を広く定着させなければなりません。

○助け合い活動の意義は、この地域福祉の考え方をより具体的な支援につなげてきたということであり、地域のつながりづくりから、制度の福祉サービスまで、各種サービス・活動をつなぎ、隙間を埋める役割を果たすことをめざしています。

図2 ● 助け合い活動の位置

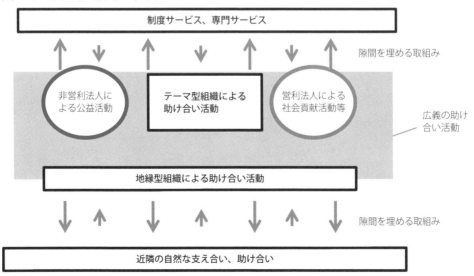

2）介護予防訪問介護・通所介護の地域支援事業への移行

○ここでは、今回の介護保険制度改正の内、介護予防訪問介護・通所介護の移行と助け合い活動との関係について述べます。

○前述したとおり、高齢者（要支援認定者）の社会的孤立の防止、社会的関係の回復・維持というニーズへの対応が重要であり、従来の訪問介護・通所介護からの移行においても、助け合い活動による対応は非常に重要になると考えます。しかし、専門職による専門的サービスが必要な人もあり、二つのアプローチが必要となると考えられます。

1）住民・市民、ボランティアによる助け合い活動

2）専門職による専門的サービス

○2）の専門職によるサービスが対応すべきニーズとしては、自らの生活管理を担えない（生活管理支援）、家事などを自力で行うことができない（自立支援）、地域社会との関係が構築できない、早期発見、早期診断につなぐことを含む認知症・精神障害等心身の状況、末期がん等看取りの状態、健康状態不安定、要介護認定と要支援認定の境目の状態等が考えられます。

○このように、要支援認定者のニーズは、住民・市民の助け合い活動が担うべきものと、専門職が担うべきものの二つに分かれると考えています。この点は、介護保険財源の限界から、従来の介護予防訪問介護・通所介護の費用を低く抑えるために住民・市民の活動に移行させるという理解が一部にありますが、ニーズの内容から移行を判断すべきと考えています。

○移行にあたって、厚生労働省の案では、市町村ごとに基準を定め、既存のサービス相当のサービスを当面運用できることとしていますが、本構想会議としては、今回の改編の趣旨をすみやかに周知し、助け合い活動ないしは専門的サービスへの移行についての理解を広げることが必要であると考えています。

○このすすめ方は、各自治体に十分に検討していただきたいと要望するところです。と同時に、今まで家事援助サービスを受けてきた要支援認定者の生活の激変を避けるため、必要に応じて同様のサービスを継続するよう、助け合い活動組織も、いわゆる家事援助を相当量引き受ける体制をつくることを覚悟する必要があります。その上で、ただ「家事援助」を継続するのではなく、真のニーズ（自立支援、社会的孤立の防止、社会的関係の回復・維持等）に着目し、それに対応する支援内容、支援方法を明確にしていくことに取り組む必要があると考えています（具体的には次の囲み参照）。これには、活動組織と自治体とが

問題意識を共有して取り組むことが必要です。

自立支援、社会的関係の回復・維持等のニーズに対応する支援内容・方法

> ア）本人の代わりに家事を行うのではなく、本人が家事を自らできるようにしていくこと。
>
> イ）ホームヘルパーのみの支援方法ではなく、食事サービス、移動サービスの利用、近隣住民の支援（ゴミ出し、外出支援等）等のより効果的・合理的な支援を組み合わせること。
>
> ウ）社会的孤立防止のための日常生活の活動の活性化、社会参加の促進をはかること。話相手となることも重要。

3）サービス実施の判断と調整の仕組み

○助け合い活動は自主的な活動であり、介護保険制度の法令等により運営されるというよりも、支援を必要とする人との信頼関係により、その活動、サービス内容を決めることが基本となります。

○一方、ケアマネジャーは、法令を踏まえてサービス調整をする役割をもっていますが、助け合い活動との調整には、活動者や活動組織の主体性や利用者との

図3 ● 介護予防訪問介護・通所介護の助け合い活動等への移行の想定

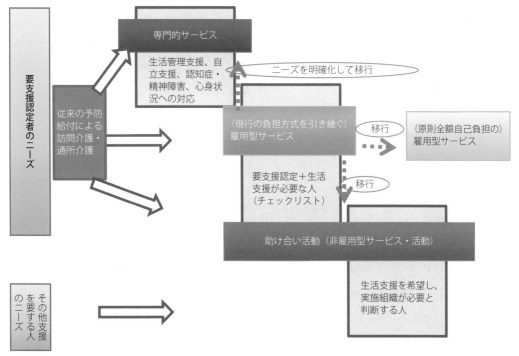

相互の信頼関係を踏まえた対応を行うことがより重要となります。従って、その調整の範囲は、利用者の状況にもよりますが、助け合い活動組織へのあっせんや、必要な場合における限度額管理にとどめることを原則とすべきです。

○また、ケアマネジャーは、直接担い手のボランティア等に指揮や調整をするのではなく、助け合い活動の実施組織（活動組織）の生活支援コーディネーター（厚生労働省「地域における生活支援サービスのコーディネーターの育成に関する調査研究事業」報告書の第3層のコーディネーター等）と調整を行うというようなルールをつくることも必要です。サービスを実施するかどうかは、利用者と活動組織の間で決める必要があるからです。

○このことは、専門性を基盤としたサービス提供と、地域の助け合い・支え合いを基盤としたサービス提供は、どちらかが一方的にリードしたり、利用したりするものでない、ということを表しています。常に両者は対等な立場で調整されることが求められます。

○ただし、多くの場合、利用者の状況によって、専門性を基盤としたサービスが優先される場合、あるいは、逆に助け合い・支え合いを基盤としたサービスが優先される場合があり、両者の調整・連携の方法は、今後、実践を重ねながら検討していく必要があります。

4）助け合い活動に対する公費助成

○助け合い活動の運営基盤にかかわる費用に対しては、自主性、主体性を尊重しつつ、助成を行う仕組みをつくることが必要です。

○有償・有料のサービスにおいて、利用者が支払う金銭は活動の「対価」としての位置づけではなく、実費弁償および支援への謝礼という性格であることから、これに直接的に公費助成を行うことは適切ではないと考えます。コーディネーターの人件費やその他調整にかかわる事務諸費用（事務所経費も含む）は、各組織が別途調達せざるを得ず、活動を拡充する際の障害となっています。これらに対する公費助成は不可欠です。

○このように、「給付」ではなく「事業費助成」とすることによって、限度額管理や厳密な利用者の認定、利用目的が絞られることはなくなり、助け合い活動組織の活動の主体性を確保する仕組みとなると考えます。

○しかし、柔軟なサービスが実施できる一方で、利用者負担については、予防給付より高くなる可能性があります。とくに、現行の訪問介護・通所介護を引き

継ぐ雇用型の生活支援サービスが実施される時期にあっては、利用者負担の公平化をはかるために、バウチャー等の発行により、公費助成を行うことが考えられます（詳細は 105 ページ参照）。

○なお、低所得者については、この移行期における対応とは別の対応として、バウチャー等の発行により公費助成を行うことが考えられます。

○地域支援事業による助成の対象経費以外についても、各地域のニーズや助け合い活動組織の育成の必要性等を鑑み、自治体の判断によって独自に助成を行うことが考えられます。とくに、食事の確保（買物困難等の問題を含む）、移動の確保が困難な地域においては、社会的インフラとの関係も強く、地域社会全体の問題として、地域支援事業とは別に、一般財源等の財源の手当も含めて考える必要があります。また、従来、一般財源等で補助していたものをすべて地域支援事業に移行させる（移行しきれないものは補助を打ち切る）というような安易な整理が行われないよう地域の事情、経過を十分検討することが必要です。

（助け合い活動の周辺領域に対する公費助成の考え方）

○助け合い活動の周辺領域（97 ページおよび 110 ページ参照）の活動は、いずれも非営利法人、営利法人の自主性に基づく活動ですが、公費助成を行うことにより、自主的な活動を誘導し、大きく発展させることにつながり、公益に還元されると目される場合には、公費助成が考えられます。

○ただし、いずれにしても、地域全体に助け合い活動が発展・充実していくことを計画する中で、種々の助け合い活動への財政支援をすることが必要です。

5）協議体と生活支援コーディネーター

○現在厚生労働省では、地域支援事業における高齢者への多様な日常生活上の支援体制の充実・強化に向けて、市町村が主体となって NPO、民間企業、協同組合、ボランティア、社会福祉法人等の生活支援サービスを担う事業主体との連携により、協議体やコーディネーターを配置することとしています。

　そして、「地域における生活支援サービスのコーディネーターの育成に関する調査研究委員会」を設置し、その設置の考え方やコーディネーターの養成等について検討を行っています。

調査研究委員会における考え方

【「生活支援サービスコーディネーター」についての定義】（案）
●高齢者の生活支援・介護予防の基盤整備を推進していくことを目的とし、地域において、生活支援等サービスの提供体制の構築に向けたコーディネート機能を果たす者を「生活支援サービスコーディネーター（仮称）」とする。

【コーディネート機能の考え方】（案）
●地域の高齢者支援のニーズと地域資源の状況を把握した上で、地域における以下の取組を総合的に支援・推進。
① 担い手やサービスの開発、組織化し活動を広げていく、担い手をサービスにつなげる機能
② 支援者間のネットワーク化
③ 地域のニーズと地域資源のマッチング
●コーディネート機能は、概ね以下の３層で展開。当面は第１層・第２層の機能を充実し、基盤整備を推進していくことが重要。
第１層 市町村区域で、担い手やサービスの開発機能中心（プロモート、プロデュース機能）
第２層 小中学校区域で、第１層の機能の下、①～③を行う機能
第３層 個々の生活支援サービスの事業主体で、利用者と提供者をマッチングする機能

【コーディネーターの役割】（案）
●市町村が定める活動区域ごとに、関係者のネットワークや既存の取組・組織等も活用しながら、上記のコーディネート業務を実施することにより、地域における生活支援等サービスの提供体制の整備に向けた取り組みを推進。

○本構想会議としては、協議体やコーディネーターの設置について、基本的な視点及び機能として考慮すべきものを以下に整理し、この機能を発揮することにより、地域における助け合い活動の発展を図ることが期待されると考えます。
1）社会資源（サービス・担い手等）の開発
2）地域の助け合い活動組織（テーマ型組織、地縁型組織）のネットワーク化、協働推進
3）助け合い型の生活支援サービスに対する、住民・市民の理解づくりや担い手の育成
4）自治体や地域包括支援センターなどの公的機関や介護保険事業者等との連絡調整（対等な立場での役割発揮）
5）地域支援事業の取組みの計画化、提言

○コーディネーターは、助け合い活動の諸組織に支えられ、助け合いという価値観を共有できる人が望ましく、当該地域の助け合い活動の中からこれにふさわしい人が生まれる環境が必要です。そして、地域の助け合い活動に支えられて活動する仕組みをつくることが重要です。

○以上の点を踏まえ、協議体の設置やコーディネーターの配置については、以下のようにあるべきと考えます。

【協議体】

○協議体づくりは、それぞれの地域で活動組織が自発的に取り組んでいくことが大前提だと考えます。協議体づくりは、時間がかかるという指摘もありますが、むしろ、まず地域の助け合い活動を行う組織が主体的に集まり、協働しながら、「助け合い活動が中心になって生活支援サービスを推進する必要性」を確認することが重要だと考えます。

○協議体のメンバーには、テーマ型、地縁型の助け合い活動組織に加え、助け合い活動の周辺領域の非営利法人、営利法人も積極的に参加できる環境をつくることが重要です。また、その中で、お互い切磋琢磨する関係をつくっていくことが望まれます。

○協議体は、生活支援サービスを推進する役割を担うことから、配置するコーディネーターを推薦することも重要な機能と考えられます。このため本構想会議では、各構成団体を通じて、全国の助け合い活動、生活支援サービス実施・推進組織、活動者等に対し、協議体の組織化に取り組むよう呼び掛けていきます。

【生活支援コーディネーターの位置づけ、役割】

○厚生労働省における調査研究委員会では、コーディネーターの考え方や機能を整理し、当面は第1層や第2層での活動を充実し、日常生活圏域にも展開していくこと、及びコーディネーターの養成研修を実施することとしています。

○本構想会議としては、概ねその考え方には、賛同できるものと考えますが、さらに、次の点が重要だと考えます。

○コーディネーターは「権限」で調整するのではなく、助け合い活動を行う組織間の信頼関係にもとづき、担い手や活動組織の立場に立って、その主体性・自発性や活動への考え方・想いなどに留意しながら、相互に協力して調整を行う

ことを確認する必要があります。

○とくに、地域包括支援センターやケアマネジャーなどの専門機関・専門職とは、対等の立場に立って調整を行うことが重要です。

○また、コーディネーターの機能・役割として、高齢者以外を対象とする活動の推進や、地域づくりの観点から地域住民全体に共通する地域課題への対応など、枠組みを広げた取り組みをしていくことが必要だと考えます。その意味では、協議体として介護保険事業計画（地域包括ケア計画）や地域福祉計画の策定に参加できる仕組みも積極的に検討すべきです。

○コーディネーターの配置にあたっては、取り組みの中立性を確保するうえでも、前述のとおり、助け合い活動組織の連絡組織（協議体）が結成され、また、協議体がすぐには結成までにいたらなくても、諸活動の中心となる地域の助け合い活動の組織や活動者の意見を反映されることが望ましく、いずれにしても、地域の助け合い活動関係者に支えられて活動する仕組みをつくることが必要だと考えます。

○本構想会議の構成団体は互いに連携し、地域において、まず協議体の準備会等を活動組織によって組織し、その中でふさわしいコーディネーターを決めていくということを促進する役割を果たすことが重要です。

6）高齢者等の助け合い活動への参加促進

○助け合い活動は、友人・隣人としての助け合い・支え合いが基本理念であり、サービスの受け手も時にサービスの担い手となる、あるいは、いま担い手である人がやがて受け手になる、という考え方の上に成り立っています。

○高齢者が助け合い活動に担い手として参加することによって、生活にハリが生まれ、心身の機能の維持・向上や、社会的な存在としての関係構築など、介護予防や健康で自立した生活の継続につながる効果が期待できます。

○また、高齢者が担い手として参加することで、同世代の（または近い世代の）受け手の心情に共感したり、高齢者のニーズに即したサービス提供や利用にあたっての配慮が可能となります。

○高齢者の担い手としての参加を促進するため、活動に対するインセンティブが働くよう、活動についての周知方法や、活動に応じて付与されるポイントや地域通貨などの仕組みの検討が必要です。

○ここでは高齢者について、とくに述べましたが、このことは他の要援助者も同

様です。担い手と受け手に分かれることなく、参加をすることが助け合い活動の本領であると考えます。

3　その他の提案

（自治体向け）

1）介護予防訪問介護・通所介護の地域支援事業への移行に関する具体的な対応策

○厚生労働省が想定している、報酬の方式を引き継ぐサービス（本構想では「雇用型サービス」と呼んでいる）は、過渡的に存在することはやむを得ないと考えますが、移行期においては、次の問題が生ずることが考えられます。

▶助け合い活動（非雇用型サービス・活動）と現行の負担方式を引き継ぐ雇用型サービスが併存している時点では、雇用型サービスの方が利用者負担が少ない場合があり、利用者が雇用型に集中（とくにホームヘルプサービスについてこの可能性が高い）し、助け合い活動への移行が進まない可能性があります。

▶雇用型サービスは、市町村ごとに基準を定め、運用することが想定されていますが、この運用が職員の賃金引き下げにつながることに大きな危惧を持っています。今までと同様のサービスを担っているにもかかわらず、職員の賃金を引き下げることは、それにより財源負担を軽減するということを意味しかねないからです。

○したがって、次のような対応を考える必要があります。

▶自己負担額が少ない雇用型サービスに集中することを防ぐために、利用者負担の軽減（サービス間の公平化）策として、バウチャー等を発行することが考えられます。

▶なお、バウチャー発行の対象は、要支援認定者＋生活支援が必要な人（チェックリストによる判定）に対する、従来の介護予防訪問介護・通所介護の内容を基本とした一定のサービスに限られると考えられます。したがって、助け合い活動は、必要（希望）に応じて、バウチャー対象とならない支援も行うことが必要となります。

2）拠点の整備

○すべての助け合い活動において、拠点は重要な役割を果たしています。

○助け合い活動は人と人とのつながりをつくることを重要な目的としていることから、つながりをつくる場を持つことには大きな意義があります。

○また、調整を行う事務所機能や、食事サービスなどの調理設備をもつためにも、拠点整備は重要です。

○それぞれの組織が拠点を持つことは効率的ではなく、また、人と人、活動と活動のつながりをつくるという面でも効果的ではないので、小地域単位に共通の活動拠点をつくることが望まれます。ただし、種々の拠点が重層的に展開することも現実的であると考えられ、各地域の活動の進展状況に合わせて、徐々にすすめていくことが必要です。

○商店街の空き店舗や学校の空き教室の活用が広がっていますが、さらにこれらをすすめるための働きかけが重要です。

○また、社会福祉法人等非営利法人や企業等の地域貢献として、拠点の場の提供も重要で、このための働きかけも必要です。

（関係者向け）

3）助け合い活動を支援する民間財源の醸成

○寄付は、助け合いの一環であり、地域において寄付文化を醸成していくことも含めて寄付等の民間財源は重要です。

○各活動組織が自ら寄付金・会費を募ることが重要です。また、助け合い活動が地域密着で行われる以上、各活動組織が協働して、募金を市町村単位、さらに小地域の単位で行うことが有効です。

○一方、共同募金との連携も重要です。地域密着の募金活動である共同募金では全国的に改革をすすめつつあり、当該地域の助成財源についての助成決定を市町村共同募金委員会に委ねる、地域の諸団体からの申請公募の実施を行うなどの取組みをすすめています。また、地域の課題解決を目指したテーマに特化した募金手法や、孤立防止のための全国共通助成テーマの設定などの取り組みも行っています。

○上記の取組みをいっそうすすめることを期待し、助け合い活動と共同募金の仕組みが相乗効果をもたらすような動きをつくっていくことが重要です。

○地域における助け合い活動を下支えするとともに、当該地域での助け合い活動

への住民・市民の関心を高め、多様な主体に対して寄付を通した活動への参加を促すことにつながります。このような活動を都道府県共同募金会や中央共同募金会と連携してすすめることが重要です。

4　助け合い活動の理解のために

　ここでは、助け合い活動について、十分馴染みのない方に、助け合い活動（組織）の内容や考え方を整理してお伝えします。

1）助け合い活動組織の基盤の違いの理解と支援方法

○助け合い活動の組織は、担い手により次の二つに分類することができます。
　1）NPO法人、ボランティアグループ等のテーマ型組織
　2）自治会・町内会、まちづくり協議会、地区社協、老人クラブ等の地縁型組織

○地域におけるつながりを基盤とした組織は、自治会・町内会、近年は、まちづくり協議会等が該当します。これに、老人、青年、女性、商店等の要素を加味した組織が老人クラブ、青年団、女性会、商店会といった組織であると位置づけられます（これら全体をここでは地縁型組織と呼びます）。

○通常、このような組織がそのまま福祉活動組織になることはなく、多くの場合、その中の有志（すなわちボランティア）が福祉活動の実施を提起して、メンバーを巻きこみながら福祉活動を形づくっていくこととなります。したがって、地縁を基盤とした組織の中のボランティアグループであり、その点では、テーマ型組織と同じと見ることができます。ただし、地縁を基盤としているので、母体組織との関係を重視した活動となり、母体組織、すなわち地域の多数者と対立する活動は展開しにくいという側面があります。

○これに対して、テーマ型の福祉活動組織は、地域の中の福祉ニーズ、生活ニーズに共鳴し、何とかしなければならないという強い問題意識に支えられた活動であり、時によって、地域の多数者と対立することも厭わない活動となることがあります。

○本構想会議では、地縁型組織もテーマ型組織も助け合い活動を担う重要な組織として、区別することなく支援する必要があり、また互いに協働するべきものととらえていますが、同時に、その特性を踏まえながら、異なる支援方法や協

働の方法を考えていく必要があるとも考えています。

○両者の特徴は次のように整理することができます。

1）地縁型は面として支えるが、テーマ型は利用者と担い手を結ぶ線として支える傾向が強い。

2）地縁型は担い手個々に重い負担をかけることが難しい。逆にちょっとしたことであれば、頻度が多くても対応しやすい。

3）移動サービス、食事サービス、ホームヘルプサービスなど高度なシステムを必要とするものは、テーマ型組織の方が対応しやすい。

4）福祉課題・生活課題について、少数者の課題にはテーマ型組織が力を発揮しやすく、多数の人に共通する課題には、地縁型が力を発揮する。

5）テーマ型は市町村ないしはそれより広域をその活動の範囲とする場合が多いが、地縁型は小学校区ないしは自治会・町内会域をその活動の範囲とする場合が多い。

○このように、両者の特徴を踏まえれば、活動の違い（ないしは得意、不得意の違い）が見えてきます。しかし、地縁型組織の活動も、効果的な実施にはシステム化が不可欠ですし、テーマ型組織もニーズに的確に応えるには、より地域に密着した活動が求められます。

2）助け合い活動における雇用関係にある人の存在

○コーディネーター等は、多くの助け合い組織で有給職員となっています。

○助け合い活動の本質は、サービスの担い手と受け手との助け合いにあり、そこに金銭を介在させていても、それは助け合いをスムーズに行うためであって、経済活動とは一線を画しています。しかし、コーディネーター等は、この助け合いを支える役割を職務として担うことが基本となります。

○助け合い活動も、また、多くの NPO 法人の活動も、このようにボランティアと有給職員の組み合わせにより実施されています。

3）助け合い活動における「謝礼」の考え方

○助け合い活動において、支援の担い手の「謝礼」は、自主的、自発的な行為に対する謝礼であり、労働の対価という位置づけではありません。

○謝礼の金額は「最低賃金以下」とする整理がありますが、担い手側の状況として、年金支給までのつなぎとして一定の収入を期待している場合や、就労困難

者の中間就労的位置づけとなっている場合など、種々の事情があり、そのように言い切ることは困難な場合もあります。

○これに対し、給与、賃金（労働の対価）の前提である「労働性」は、「指揮命令系統下にあるかどうか」で判断することが最も現実的であると考えられます。

○助け合い活動という枠組みの中で、金銭を介在させることによって、頼みやすく、また頼まれやすくするという考え方のもと、適切な金額が設定されることが基本となります。

○謝礼のかたちは現金であることもあれば、地域通貨、将来サービス利用に使用することのできるポイント、保険料支払いに利用できるポイントなどさまざまなかたちが考えられます。

○なお、助け合い活動を隠れ蓑にして、事実上、指揮命令系統下でサービスを行い、「公益性」の名のもとに安い労働力として利用する等の悪用が考えられます。その防止とチェック体制など、自治体等による対応が必要です。

4）助け合い活動のサービス内容と公費助成

○介護保険サービス等の公的サービスは、法令に定められた対象者・サービス内容に従ってサービスが実施され、公費が支払われますが、助け合い活動は、助け合い活動組織自身が定めたルールにもとづいてサービス提供の要否を判断して、実施を決めます。

○そこには、助け合いとしての、利用者との信頼関係が基本となります。また、地域で活動している以上、自治体や関係団体との信頼関係も重要になります。

○このようなことを背景として、ニーズを的確に把握して、対応することになりますが、公的サービスに比べて柔軟に対応できるのが強みとなります。助け合い活動は、時により不公平が生ずる可能性はありますが、それは逆に、ニーズに応じて柔軟な対応が可能ということでもあります。ただし、柔軟な対応が利用者の自立を阻害してはならず、利用者の尊厳と自立支援を基本として、利用者や自治体その他関係者の理解を得て、運用することが求められます。そこには、自主的な組織としての自由さと自らの誇りを持つことが重要になると考えます。

○個人を対象とするサービスに対して助け合い活動に公費助成を行う場合には（前述のバウチャー等により助成を行う場合等）、サービス・支援内容に一定の基準を設けることが必要となります。個々のサービスに対して公費助成を行わ

ない場合には、助け合い活動組織自身の基準により、サービス・支援を実施することが基本となります（その場合も、初期費用、運営基盤にかかわる費用の一定額の助成を受けることは合理的・効果的であると考えられます）。

5）助け合い活動の周辺領域（社会資源）

○本構想では、助け合い活動を住民・市民による自主的な活動としていますが、下記のA、B、Cの動きを広義の助け合い活動ととらえ、助け合い活動の周辺の領域（社会資源）として推進していく必要があります。この周辺領域がどの程度あるかによって、助け合い活動の必要性も変わってきます。

○A：非営利法人による公益活動（社会福祉法人、NPO法人、生協、農協等）

　生協、農協等協同組合の活動は、本来助け合いの考えを基礎として成り立っているものです。したがって、高齢者向けの食事や食材の宅配などは、本来事業の枠内のものではありますが、助け合いの要素が大きい活動です。

　また、社会福祉法人も、本来、助け合いの考え方の上に成り立っているものですが、制度が成熟する中で、税金や保険料で担う割合がほとんどとなっています。制度にかかわらない「社会福祉を目的とする事業」、地域貢献活動の実施が、今、社会福祉法人に求められています。

　これらは一般に、本来事業の中から出る収支差益や寄付をもとに行われています。

○B：営利法人による社会貢献活動

　本業から出る利益をもとに、社会貢献、地域貢献の事業を行っています。

○C：営利法人による本来活動

　営利法人においても、本業の中でいかに社会的な役割を果たすか、という観点から、福祉サービスとの接点を見出そうとしているところは少なくありません。具体的には次のようなものが考えられます。

新聞配達店、宅配事業者、郵便局等による配達時の安否確認
スーパーによる配達サービス
高齢者向けコンビニ
………

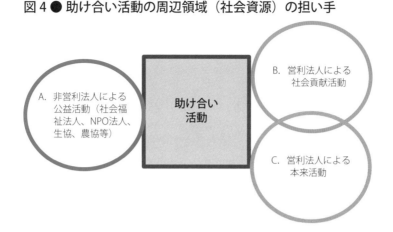

図4 ● 助け合い活動の周辺領域（社会資源）の担い手

A. 非営利法人による公益活動（社会福祉法人、NPO法人、生協、農協等）

助け合い活動

B. 営利法人による社会貢献活動

C. 営利法人による本来活動

6）助け合い活動の種類と特徴、留意点

▌1▐ 見守り・支援、安否確認

○見守り・支援ネットワーク活動、安否確認活動は、地縁型組織を中心に活動が展開されてきました。支援を必要とする人に対して近隣の住民が定期的に訪問し、様子を確認したり、話し相手になる等の活動として行われています。原則的には本人の同意を得たうえで行われますが、本人が関わりを拒否している場合には、直接訪問せず、新聞や郵便物が溜まっていないか、夜電気がついているか等を確認する方法がとられる場合もあります。

○また、ほとんどの場合、要支援認定者に絞って実施することは少なく、広く支援を必要とする人を対象としています。高齢者だけではなく、子育て世帯、障害者世帯等も含めて対象とする地域も見られます。

○見守り・支援活動は、単独ではなく民生委員・児童委員、成年後見、日常生活自立支援事業と連携することにより効果を発揮します。複数の住民・市民や場合によっては専門職や事業者なども含めたチームを組んでネットワークで活動を行う場合も見られます。見守り・支援がとくに必要な人に対しては、頻回、重層的な見守りシステムも出てきています。この場合は、新聞販売店、郵便局、電力会社等の協力を得て行う事例も広がっています。

○加えて近年は、安否確認・見守りをベースに、簡易な個別支援を行うものが広がっています（ゴミ出し、外出支援、電球交換、草取り、簡易な介護等）。

２ 通いの場・交流の場（サロン・居場所・コミュニティカフェ等）

○通いの場・交流の場は、身近な地域で公共施設や空き家、空き店舗等を活用しながら住民同士が気軽に集まり、楽しい時間をともに過ごす場として各地に広がっています。

○気軽に出かけ、人と出会う場所があることで、閉じこもりを防止し、生活のメリハリづけにも効果を発揮します。また、いつも来ている人が来ていないという気づきから、体調不良や認知症の進行といった変化を早く発見する機能も重要です。

○開催の頻度は月１回程度のものもあれば、週１回程度、さらには常設型で毎日行われているものもあります。１か所の活動で見ると月１回の開催であっても、地域に活動が広がることで生活を支える機能を発揮することも考えられます。

○通常、ボランティアを中心に立ち上げ、運営がすすめられますが、実際の活動では、利用者、ボランティアの明確な区別なく交流が図られることが重視されます。

○プログラムは「お茶を飲みながらおしゃべり」という自由なものから、健康維持を目的とした軽い体操や保健師・看護師による健康チェック、手芸や囲碁といった趣味活動などそれぞれの参加者のニーズに応じて多様な内容が実施されています。

○通いの場・交流の場の活動は、従来の要支援認定者に対する通所介護を受け継ぐことが可能なものも多いと考えられます。地域社会とのつながりを回復・維持する役割を持ち、要支援者等の生活を支える基盤と位置づけ、推進することが期待されます。

○通いの場・交流の場については、活動場所の確保が課題であり、自治体が施設・設備を整備して活動を支援する例もあります。場所さえ確保できれば、他に大きな設備投資や備品等を多く必要とせず、光熱水費や材料費は参加者から一定の参加費を徴収することで賄うことが可能です。

○送迎の確保も重要な問題となっています。

３ ホームヘルプサービス

○ホームヘルプ（訪問型）のサービスとして行われている主な内容は以下のようなものがあります。

１）食事づくりや掃除・洗濯などの家事援助

2）介護

3）話し相手

4）保育（一時預かりや保育園への送迎等）

○調理、掃除といった家事援助が中心になりますが、これらを通して生活を総合的に支える、利用者とのつながりを大切にすることが本旨となります。

○また、たとえば本人以外の家族の援助や花木の水やりといった介護保険の対象外の支援についても必要と判断されれば柔軟に対応し、利用者（およびその家族）の生活を総合的に支えることができる点が特徴です。

○また、時間を決めて利用会員のお宅に訪問して話し相手になるサービスでは、社会的なつながりの維持・回復に効果を発揮するとともに、信頼関係が得られるとさまざまな相談を受けることもあります。

○ホームヘルプ（訪問型）サービスから活動を開始している活動組織が多く、ホームヘルプサービスを通じて利用者のニーズに接することで外出時の付添いや配食、サロン活動等に展開していく例がみられます。

○助け合いに基づくホームヘルプサービスを提供する組織では、介護保険制度の訪問介護事業を指定事業者として実施している例も多くあります。介護保険制度を利用することで、利用者の負担は軽減され、組織としても運営の継続性・安定性が高まるといったメリットがある一方で、助け合い活動の意味合いが共通認識されにくくなるといったデメリットも指摘されており、助け合いの理念の共有が重要です。

4 食事サービス

○食事サービスは、生きていくうえで基盤となる食生活の支援を糸口に高齢者や障害者とかかわりを持ち、そのなかで地域でのつながりを持つきっかけを提供するところに大きな特徴があります。

○助け合い活動による食事サービスは次のような機能を持っています。

1）食事の提供（栄養、食べる楽しみの確保、買物・調理負担の軽減）

2）見守り（他のサービス・活動へのつなぎ）

3）会食時または配食時のコミュニケーション（社会的つながりの維持・回復）

○食事サービスは大きく二つの形態にわけられます。

1）交流目的・介護予防の食事サービス（会食中心）

2）生活支援・見守りの食事サービス（配食中心）

図 5 ● 食事サービスの形態

地域社会との交流を促す会食形式の「会食サービス」と、食事の配達を通じて在宅生活を支える「配食サービス」の２つの形態がある。

出典：全国老人給食協力会

会食サービス	配食サービス
・集まって一緒に食事と会話を楽しむスタイルで、食を通じてコミュニケーションの場をつくることが目的。 ・自由に出入りできるコミュニティレストランやカフェの形式もある。	・食事を利用者の自宅まで配食するサービスで、家事の負担軽減や栄養バランスの改善が目的。 ・訪問を通じた会話や安否の確認も重要な目的。

※その他、食生活改善・介護予防プログラム・料理教室など、「食べること」で高齢者の在宅生活を支援する取り組みが行われています。

○さらに、近年は、食の自立支援として食のアセスメントが導入され、低栄養改善や見守り等を目的とした配食サービスが広がっています。

○食事そのものの提供に関しては、近年、市場ベースの食事や食材の宅配（スーパーによる配達サービスを含む）がすすんでいます。しかし、近隣の地域住民が参加する会食や配食は、食事の提供を通じた見守りや「社会的つながりの維持・回復」に大きな役割を果たすものであり、助け合い活動の食事サービスを生かすことが重要であると考えられます。

○また食事サービスは、調理や配達・回収、献立の作成など、住民・市民が自分のペースや経験・スキルにあわせてさまざまな関わり方ができる活動でもあります。なかでも元気高齢者の参加は、担い手自身の老化予防や介護予防としても効果的です。

○例えば会食会はグループで行うので一人ひとりにかかる負担も小さく、ボランティアとして気軽に参加できるなど、住民が助け合い活動にかかわるきっかけとしても有効であり、こうした活動への支援は地域の助け合い活動全体の活性化をすすめるうえでも効果的と考えられます。

○これまでの食事サービスの歴史をみると、1990 年代は食事サービスの重要性が認識されるようになり、国や自治体からの助成等の支援もなされ今日まで継続されている地域も多くあります。こうした活動を継続するうえでも、助け合い活動による食事サービスの意義を自治体や住民・市民が共有し、条件整備が行われることが重要です。

図6● コミュニティによる食事サービスの意義

出典：全国老人給食協力会

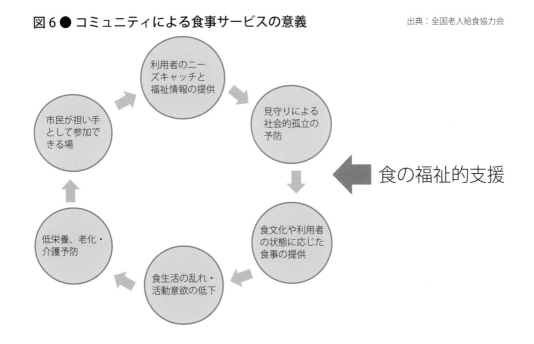

図7● 食事サービスの全体像

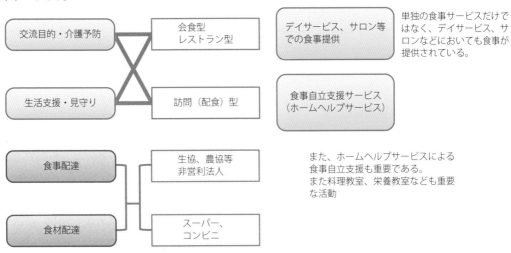

5 移動サービス

○助け合い活動による移動サービスは次のような機能を果たしています。

　1）外出機会の確保（生活意欲、精神の健康、自信の回復）

　2）社会参加の促進による介護予防

　3）移動サービス実施時のコミュニケーション（社会的つながりの維持・回復）

図8 ● 移動サービスの全体像

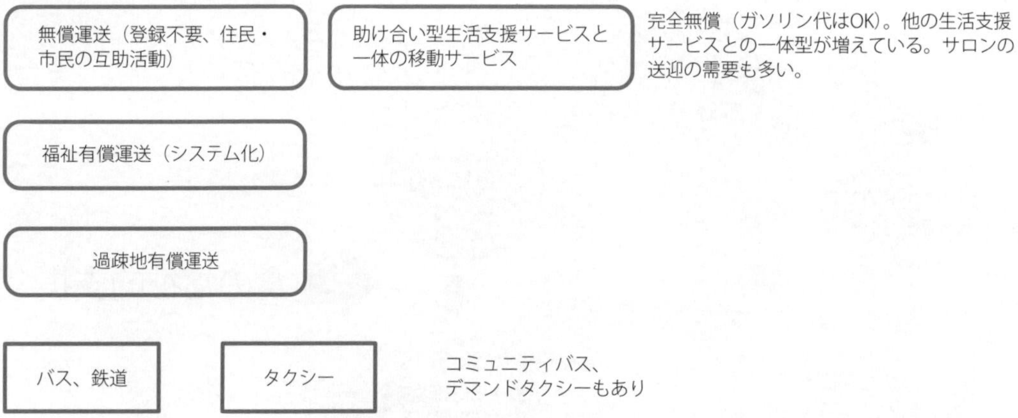

無償運送（登録不要、住民・市民の互助活動）

助け合い型生活支援サービスと一体の移動サービス

完全無償（ガソリン代はOK）。他の生活支援サービスとの一体型が増えている。サロンの送迎の需要も多い。

福祉有償運送（システム化）

過疎地有償運送

バス、鉄道

タクシー

コミュニティバス、デマンドタクシーもあり

4）介護家族の負担軽減

5）生活全般の課題発見のきっかけ（他のサービスや専門職へのつなぎ）

○移動困難者、移動制約者は、① 外出が困難な心身状態にある人、② 環境要因、社会的要因により外出に制約を受ける人（交通空白地で運転免許を持たない人、低所得者・外国人・自然災害の被災地住民など）の大きく二つに分かれます。

○上記機能の内 1）については、バス、鉄道、タクシーも担うものであり、近年、バリアフリー化も徐々にすすんでおり、タクシー券やパスの配布など、公費補助が行われている地域もあります。

○しかし、2）3）の機能、とくに「社会的つながりの維持・回復」については、助け合い活動に優位性があるので、助け合い活動の移動サービスを生かすことが重要であると考えられます（全面委託ないしは組み合わせ）。

○福祉有償運送については、運送区域となる市町村が設置する運営協議会における合意を得る必要があることや、対価が一般タクシーの 1/2 程度とされていること、旅客の範囲が限定されていること等によって、厳しい運営を強いられている状況があります。地域の移動ニーズに対応するためにも、福祉有償運送の活動が中心となり地域の支え合い助け合いの移動サービスに拡大されることが必要です。

○過疎地有償運送については、地域の交通事業者の既得権や利害調整から容易に運行に繋がらない地域も見受けられますが、住民・市民、自治会、NPO 等の粘り強い要請活動と、市町村の支援により実施されています。また、過疎地有償運送から福祉有償運送や登録不要の移動サービスへと拡大する地域も見られま

す。

○以上の問題は、道路運送法の法制度との関係からハードルが高い、移動サービスはわかりにくいと敬遠されがちですが、自治会、町内会、地域ケア会議等を通じて「住民・市民が考えて、育て、創る」移動サービスを創出することは喫緊の課題です。各自治体においては、地域支援事業における移動サービスを効果的に実施するためにも、これらの条件整備を行う必要があります。

6 宅老所

○宅老所では、民家などを活用し、家庭的な雰囲気のなかで、一人ひとりの生活リズムに合わせた柔軟なケアを行っています。利用者は、高齢者のみと限っているところもある一方で、障害者や子どもなど、支援の必要な人を対象を限定せずに受け入れるところもあります。

○民家などを活用し、小規模な拠点で行われることから、地域にも溶け込みやすく、運営に際しても積極的に住民・市民や地域の商店等とのかかわりを持つ宅老所が多くみられます。地域の人が出入りしやすい場づくりをすることで、住み慣れた地域とのつながりを維持しながら暮らすことを支援しています。

○利用者一人ひとりに向き合う取り組みの中から、その暮らしを連続的に支援するため、通い（デイサービス）の形態から出発し、泊り（ショートステイ）や自宅へ訪問しての支援（ホームヘルプ）、住まい（グループホーム）、配食などのサービス提供まで行っているところもあります。

7 当事者組織活動

○当事者組織活動は、障害や病気など同じ課題をもつ当事者（あるいはその家族）同士が出合い、交流をすることから始まり、励まし合い・悩みの分かち合いによる参加者のエンパワメント、さらに少数者の意見を施策等に反映させるためのソーシャルアクション等につながるものです。

○定例会や学習会等を通して定期的に集まることで、相互に悩みを相談したり、情報交換を行うとともに、孤立を防ぎ、支え合う機能を発揮しています。

8 民生委員と助け合い活動

○民生委員・児童委員は、常に住民の立場に立って相談に応じ、必要な援助を行ったり、専門機関につなげる役割を果たしています。また、そうした個別支

援だけではなく、民生委員自身がふれあい・いきいきサロンを立ち上げるなど、助け合い活動の担い手として活躍する地域も多くみられます。

○民生委員・児童委員は、同じ地域に住む住民でもあり、地域に密着した活動を通して、地域で支援を必要とする人に関する情報を把握しており、行政とも密接な連携を持っています。助け合い活動の実施にあたっては、支援を必要とする人を発見し、必要なサービスにつなげられるよう、民生委員・児童委員と連携をはかることが重要です。

用 語 集

介護保険事業計画

　介護保険法に基づく市町村の事業計画。介護サービス基盤の計画的な整備と第1号保険料設定の基礎資料とするために、国が策定する基本指針に基づき、市町村が策定する。市町村が定める日常生活圏域ごとの地域密着型サービスなど、介護サービスの種類ごとの必要整備量の見込み、見込み量確保のための方策、居宅サービス相互間の連携確保、介護予防サービスに関する事項等を記載する。3年を1期として策定するもので、市町村老人保健福祉計画（平成20〔2008〕年度以降は老人福祉計画）と一体のものとして策定される必要がある。各市町村の介護保険事業計画をふまえ、都道府県が策定する計画が介護保険事業支援計画である。都道府県が定める区域ごとに、介護保険施設等の種類ごとの必要入所定員総数などの見込み、介護人材確保等に関する事項等を記載する。

介護保険料

　介護保険の被保険者が負担する保険料。第1号被保険者の保険料を第1号保険料、第2号被保険者の保険料を第2号保険料という。第1号保険料は、保険者である市町村が賦課・徴収するもので、所得段階別の定額保険料である。所得段階は9段階（平成26〔2014〕年度までは6段階）が基本であるが、市町村の判断によりさらに多い段階に区分できる。年金が一定額（年額18万円）以上の場合には、年金保険者が年金から天引き（源泉徴収）し、市町村に納付する。この方法を特別徴収という。それ以外は市町村が直接徴収する。この方法を普通徴収という。第2号保険料は、各医療保険者が、医療保険の算定方法に基づき賦課・徴収する。医療保険料と同様に、事業主負担が入る。

共同募金

　社会福祉法に規定される、都道府県の区域を単位として、毎年1回（10～翌年3月）実施される募金活動。第一種社会福祉事業に位置付けられる。都道府県ごとに共同募金会が設立され、募金・配分・広報等を行う。市町村にはその内部組織としての共同募金委員会（支会分会）が置かれる。戸別募金をはじめ、街頭、法人、職域、学校、イベントなどの各種募金があり、多くのボランティアの参画を得て実施される。共同募金会に配分委員会が置かれ、当該地域の地域福祉の推進や社会的課題解決のため、その地域内の社会福祉事業、更生保護事業、その他の社会福祉を目的とする事業を経営する者に寄付金を配分する。配分は申請に基づき審査が行われ

た上で実施される。なお、共同募金の配分を受ける者が共同募金会の役員・評議員、配分委員会委員に含まれないことが規定されている。近年、共同募金改革が進められ、「じぶんの町を良くするしくみ。」を旗印に、より地域密着、市民参加型の共同募金とする取り組みが進められている。なお、共同募金は、災害に備えて「準備金」を積み立て、大規模災害などの際、災害救援等の活動支援のために、他の共同募金会へ拠出することができる。

ケアマネジメント

　保健、医療、福祉などのニーズをもつ人々に、地域の中のさまざまなサービスを組み合わせて包括的に提供する方法。基本的な考えは、地域で提供されているさまざまな専門的サービスを利用者のニーズに合わせて一体的に提供することにある。そのためには多職種間の連携とともに、個々に提供されるサービスを包括的に調整する役割も必要になる。

コミュニティソーシャルワーカー

　生活課題を抱えている当事者や家族などへの個別支援と地域の組織化支援を有機的に統合化し、地域を基盤として実践するソーシャルワーカー。行政の縦割り構造や制度のはざまに伴う環境改善や制度改革、施設の地域化や地域連携を促す役割をもつ。また、地域社会の中で埋もれた福祉ニーズを発見し、福祉サービスや活動に結び付けたり、新しい福祉サービスの開発にも先駆的に取り組んだりする存在としても注目されている。

社会資源

　社会システムの中にある財や資源で、ソーシャルワークでは、福祉ニーズを充足させるものをいう。資金や設備にとどまらず人的資源、知識なども含まれる。近年では社会資源の計画的な配分、確保のためのソーシャルアクションが重要となっている。

住民主体の原則

　地域の福祉を推進していく基本的な主体は、地域社会に暮らす住民自身である、という地域福祉活動の原則。地域社会に暮らす住民が主人公であり、生活者としての住民が共同生活を営む場として地域社会は形成されるという認識を意味する。昭

和35（1960）年に山形県で開催された「都道府県社協組織指導職員研究協議会」において、自主的な住民活動の尊重と地域の民主化を進めることを「住民主体」と表現したとされている。その論議をふまえて、昭和37（1962年）、全国社会福祉協議会は「社会福祉協議会基本要項」を策定、住民主体の原則が明示された。「住民主体の原則」の理念は平成4（1992）年に策定された新・社会福祉協議会基本要項にも踏襲されている。

生活の質（QOL）

　貨幣的側面によって示される「生活の量」に対して、それに還元できない、人生や生活の豊かさなどを多面的な形で示す指標、もしくは尺度のこと。人生全体の良好な状態（well-being）を包含する幅広い概念であり、個人の満足感や幸福感、快適さ、生きがい感等を示す。

　WHO（世界保健機関）では「個人が生活する文化や価値観のなかで、目標や期待、基準および関心に関わる自分自身の人生の状況についての認識」と定義している。先進国では第二次世界大戦後の経済成長によって人々の生活水準が向上した一方で、コミュニティの脆弱化、長時間労働、余暇生活の不十分さ、認知症高齢者の増加、過度な延命技術の進展などの問題が浮き彫りになったことを背景にして広がった。

　介護の場においては、「生活の質の向上」が重視され、個人の多様な価値観や生きざま、自己選択、自己決定の意思等を尊重した生活援助・支援を実践し、人としての尊厳を守り自立を支援する介護がめざされている。また医学では「生活の質」、哲学では「人生の質」を表す場合もある。

地域福祉計画/地域福祉支援計画

　平成12（2000）年、社会福祉事業法の改正により、社会福祉法に新たに規定された市町村地域福祉計画（社会福祉法第107条）と都道府県地域福祉支援計画（同法第108条）の2つの計画から成る。また、平成28（2016）年の社会福祉法の一部改正に伴い、これまでは任意とされてきた地域福祉（支援）計画の策定が努力義務として規定された（平成30〔2018〕年施行）。あわせて、児童・障害・高齢、その他の福祉分野が共通して取り組むべき事項を定めること、そして、定期的に見直し必要に応じて計画内容を変更することに努めるものと明記された。市区町村地域福祉計画は、市区町村が、地域福祉の推進主体である住民などの参加を得て地域の

生活困窮者など要支援者をはじめとする生活課題を把握する。それに対応する総合相談などのサービスの内容や量を定め、各事業主体との連携調整を図りながら包括的に提供する体制を計画的に整備することを目的に策定されるものである。次いで、都道府県地域福祉支援計画は、広域的な地方公共団体として、市町村の規模や地域の特性、施策への取り組み状況などに応じて、きめ細かな配慮を行いながら市町村を支援することが目的となる。これらの地域福祉計画は、社会福祉協議会を中心として民間の立場で策定される地域福祉活動計画と連携しながら推進されることが望ましいとされている。

地域包括ケアシステム

　重度な要介護状態になっても、住み慣れた地域で自分らしい暮らしを人生の最後まで続けることができるよう、中学校区などの日常生活圏域内において、医療、介護、予防、住まい、生活支援サービスが切れめなく、有機的かつ一体的に提供される体制のことをいう。介護保険制度では、平成17（2005）年の法改正において、予防重視型システムへの転換、地域密着型サービスの導入、地域包括支援センターの創設等、地域包括ケアシステムの実現に向けて一歩を踏み出した。平成23（2011）年の法改正では、日常生活圏域ごとにニーズを把握した介護保険事業計画の策定や定期巡回・随時対応型訪問介護看護の創設等が行われた。平成26（2014）年の法改正では、在宅医療・介護の連携推進など、さらにその取り組みが推進されることとなった。

地域包括支援センター

　平成17（2005）年の介護保険法改正により設けられた、高齢者への包括的支援を行う機関（介護保険法第115条の46第1項）。地域の高齢者の実態把握や虐待防止などの権利擁護を含む総合相談窓口機能、介護予防ケアマネジメント、包括的・継続的ケアマネジメントを基本機能とし、保健師、社会福祉士、主任介護支援専門員のいわゆる「三職種」が原則各1名ずつ配置される。老人福祉法に基づく従来の在宅介護支援センターと機能的に一部重複するが、地域包括支援センターはより広域を対象とした、公益性・中立性の高い機関として位置付けられている。在宅介護支援センターの設置者は、地域包括支援センターの委託を受けることもできるため、現在は全国的に地域包括支援センターへの統廃合が進んでいる。地域包括支援センターの設置主体は市町村、または市町村より委託を受けた法人（社会福祉法

备

人、医療法人等）である。地域包括支援センターの設置・運営のために、市町村ごとに地域包括支援センター運営協議会が設置されている。

認知症

記憶力や記銘力の低下を中心に見当識障害（時間、場所、人物に対する認識の障害）や、判断力・思考など高次の脳機能の低下によって、通常の社会生活を送ることが困難になった状態をさす症候群。さまざまな原因によって起こる。代表的な原因疾患としてはアルツハイマー型認知症と脳血管性認知症があり、合わせて認知症全体の7割前後を占めている。以前、発病年齢の差から、老人性痴呆（老人性認知症）、アルツハイマー病などとよばれたものは同一疾患と考えられ、現在はアルツハイマー型認知症とよばれる。高次脳機能障害によって、言語使用の困難、職業や社会活動の障害が見られるため、早期診断と家族や同僚による支えが必要となる。診断が遅れたり、周囲の理解が進まないと環境との不適合を起こし、徘徊や多動、暴力的反応など行動面の症状が目立ってくることがある。

非正規雇用

正規雇用（正社員・正職員）以外の、パート、アルバイト、派遣、請負などの身分が不安定な雇用の総称。日本では、単に雇用が不安定なだけでなく、正規雇用に比べて賃金が安く、昇進の機会が少なく、被用者保険にも加入できない場合があるなどの特徴がある。かつて非正規雇用は、学生が学業のかたわら従事するものを除けば、子育てが一段落した既婚女性が家計補助を目的に従事するものが典型とされてきた。しかし1990年代後半以降、企業の人件費削減や労働法制の規制緩和を背景に、正規雇用を非正規雇用に代替する動きが強まった。この結果、現在では、雇用者に占める非正規雇用者の比率は約4割に達している。また、1990年代後半～2000年代前半の「就職氷河期」にやむを得ず新卒で非正規雇用に就いた者が中年期にさしかかっており、正規雇用化（正社員化）の促進が課題となっている。

福祉教育

市民社会形成のために社会福祉の価値・理念などを実践を通じて学ぶこと。① 学校教育で学童・生徒・学生等と実施するもの、② 地域社会・家庭などで行うもの、③ 高等教育機関で専門教育として行われるものがあるとされる。また、近年はさらに、④ 職場において行われる教育もあるとされる。① については、昭和52（1977）

年より国庫補助事業として「学童・生徒のボランティア活動普及事業」が全国の社会福祉協議会を拠点に展開されてきた（現在は地方交付税交付金に算入されている）。②と④については、地域福祉は、住民自身が気付き、考え、行動することによって推進されるもの、との前提に立ち、地域福祉推進の重要な一翼を担うものとしてあらゆる場面で展開される。

民生委員・児童委員

　社会奉仕の精神をもって、常に住民の立場に立って相談に応じ、必要な援助を行い、社会福祉の増進に努めることを任務としている。岡山県知事笠井信一による済世顧問制度（大正6〔1917〕年）、それをもとに大阪府知事 林 市蔵とその右腕であった小河滋次郎によって創設された方面委員制度（大正7〔1918〕年）が前身となっている。第二次世界大戦後、昭和21（1946）年に旧生活保護法が制定され、その後昭和23（1948）年、現行の民生委員法が制定された。また、児童福祉法により民生委員が児童委員を兼務している。その職務は幅広く、住民の生活状況の把握、相談助言、情報提供などの地域のニーズに応じた自主的な活動の展開、関係行政機関や専門職との連携などがある。なお、平成29（2017）年に、民生委員・児童委員制度は、済世顧問制度創設から100周年となった。

老人クラブ

　「老人福祉法」第13条において「老人の福祉を増進することを目的とする事業を行う者」として位置づけられている地域を基盤とする高齢者の自主的な組織。おおむね60歳以上を対象に日常的に声をかけ合い、歩いて集まることのできる小地域の範囲で組織している。クラブの規模は、おおむね30〜100人を標準とし、会員本意の自主的かつ民主的な運営を行っている。クラブ活動の財源は、会員の会費によってまかなうことを基本としているが、高齢者の生きがいや健康づくりの推進を図るため、国、地方自治体から支援も受けている。小地域ごとの老人クラブ（＝単位クラブ　85,805クラブ　4,387,233人会員　令和4年3月末現在）を核に、市区町村、都道府県・指定都市、全国の段階に老人クラブ連合会（老連）を組織している。

シリーズ　住民主体の生活支援サービスマニュアル
第 1 巻
改訂 2 版
助け合いによる生活支援を広げるために
～住民主体の地域づくり～

新地域支援構想会議 編

発　行	2015 年 9 月 7 日　初版 1 刷	
	2019 年 5 月 30 日　改訂版 1 刷	
	2023 年 5 月 23 日　改訂 2 版 1 刷	
定　価	1,320 円（本体 1,200 円＋税 10%）	
発行者	笹尾　勝	
発行所	社会福祉法人　全国社会福祉協議会	
	〒 100-8980　東京都千代田区霞が関 3-3-2　新霞が関ビル	
	TEL　03-3581-9511　　FAX　03-3581-4666	
	振替　00130-5-38440	
印刷所	三報社印刷株式会社	

ISBN978-4-7935-1433-3　C2036　￥1200E　　　　　　　禁複製